W0317170

Geldcrash
So retten Sie Ihr Vermögen

Der Krisenwegweiser

Herausgeber:
Günter Hannich
Copyright 2004
5. Auflage 2004
ISBN 3-9808522-1-0

Grafiken: Günter Hannich
Karikaturen: Atelier Schwandt, Ahlen
Umschlag: Anton Reiser

Gesellschaft für Finanzinformation und Vermögensschutz
Internet: *http://www.geldcrash.de*
http://www.kapitalseminare.de

Email: info@geldcrash.de
Fax: 02561/959-500-850

Für die private Vermögensverwaltung und Geldanlage ist jeder selbst verantwortlich. Über Informationen zu speziellen Anlageprodukten muss sich jeder vor der Investition bei seiner Bank informieren. Vom Autor kann deshalb keinerlei Verantwortung für Schäden, welche durch falsche Schlussfolgerungen aus den Hinweisen im Buch entstanden sind, übernommen werden. Die Informationen sind gründlich recherchiert worden. Trotzdem können Fehler auftreten, eine Verantwortung kann auch hier vom Autor nicht übernommen werden. Weiterhin schließt der Autor alle Haftungsansprüche jeglicher Art aus.

„Wer mit dem Strom schwimmt,
kommt nie zur Quelle."
Francois Mauriac

Vorwort

Wirtschaftskrisen zerstörten durch Vermögensverlust zu allen Zeiten die Existenz ganzer Bevölkerungsschichten. Dabei deuteten sich diese Katastrophen selten im vorhinein an, sondern gefährdeten plötzlich und unerwartet die Existenzgrundlage. Gerade in der heutigen Zeit mit ihren Währungsspannungen und terroristischen Potenzialen wäre es vermessen, anzunehmen, eine Finanzkatastrophe sei nicht mehr möglich. Mit Recht wird deshalb von besorgten Sparern zunehmend die Frage aufgeworfen, ob die persönlichen Vermögensanlagen in naher Zukunft von Krisen bedroht werden könnten.

Im vorliegenden Buch steht die Vermögensanlage des Einzelnen im Mittelpunkt. Denn gerade der private Anleger wird oftmals nicht nur im Stich gelassen, sondern regelrecht irregeführt. Viele Geldanlageempfehlungen von „Experten" erweisen sich bei näherer Betrachtung als untauglich. Ihr Kardinalfehler: Meist wird zu optimistisch in die Zukunft projiziert. Eine Umfrage unter Topmanagern zum Weltwirtschaftsforum in Davos im Januar 2000 ergab beispielsweise, dass 91 % optimistisch in die Zukunft schauten und keine Bedrohung erkannten. Eine Gruppe von 42 % bezeichnete sich sogar als „extrem optimistisch".[1] Dann setzte der große Börsenabschwung ein. Das war nicht untypisch – in den offiziellen Szenarien kommen Krisen nicht vor! Folglich werden auch alle dementsprechenden Vorsorgestrategien für unnötig erklärt.

Vergessen wird dabei, dass es sich bei unserem Finanzwesen keineswegs um eine stabile Ordnung handelt, sondern sich die Probleme in immer kürzeren Zeitabschnitten aufschaukeln und letztlich sogar das System zum Zerfall bringen. Im Anfang des Buches wird diese schockierende Behauptung näher begründet. Dabei wird deutlich: Krisen gehören zwangsläufig zu unserem System. Darum verloren immer wieder sorglose Anleger ihr Vermögen. Solch große Katastrophen, wie die Weltwirtschaftskrise der 30er Jahre, kommen jedoch selten vor. Doch mehren sich ein Dreiviertel Jahrhundert nach dieser Krise die Anzeichen für einen Konflikt mit vergleichbarem Ausmaß. Wer nicht wie große Teile der Bevölkerung damals alles verlieren will, der sollte sich rechtzeitig Gedanken um die richtige Strategie zur Sicherung seines Vermögens machen.

Im vorliegenden Buch werden die verdrängten Fehler im Geldsystem beschrieben und daraus logische Schlüsse für mögliche Krisenszenarien gezogen. Die Auswirkungen der zu erwartenden Geschehnisse auf unterschiedliche Vermögensanlageformen werden ausführlich diskutiert. Manchen Leser werden die dargelegten Fakten und Szenarien erschrecken. Doch wer sein Vermögen nicht verlieren will, darf sich nicht scheuen, der Realität ins Auge zu schauen. Nur die vorurteilsfreie, logische Betrachtung kann zum Erfolg führen.

Dieses Buch erschien bereits 1999 in der ersten Auflage. Wurde der Autor damals, in einer Zeit überschäumender Börseneuphorie, noch als „Pessimist“ beschimpft und verlacht, ist vielen Anlegern nach herben Vermögensverlusten nun das Lachen vergangen. Im Buch wurde die Entwicklung an den Börsen zuverlässig vorhergesagt. Zahlreiche Leser konnten ihr Vermögen daher noch rechtzeitig retten. Doch sollte nicht vergessen werden, dass wir erst am Anfang eines längeren Zerfallsprozesses unseres Finanzsystems stehen. Vermögensschutz wird also in Zukunft noch wichtiger sein als jemals zuvor.

Anlageberatung - Experten, Analysten, Forschungsinstitute

Das Geldwesen wird im allgemeinen als sehr komplex dargestellt. Niemand, der nicht ein ausgiebiges Studium absolviert habe, so wird argumentiert, sei in der Lage, die Strukturen zu durchschauen. Der Anleger wird dabei meist auf das Urteil von Experten und Analysten verwiesen. Ihnen soll er vertrauen.
Kaum bekannt ist, dass gerade auf das Urteil dieser Personen oftmals wenig gegeben werden kann. So erklärte der Investment-Professor Werner de Bondt nach der Analyse von 40.000 Ergebnisschätzungen, dass eine größere Anzahl von Analysten in keiner Weise zu genaueren Gewinnprognosen führen könne. Die Vorhersagen seien regelmäßig zu optimistisch und tendierten zum Extremen.[2] Die Experten geben dabei an die Kunden selten objektive Empfehlungen weiter. So war in einer Untersuchung auffällig, dass von den Analysten kaum je Verkaufsempfehlungen gegeben werden, da die Banken überwiegend an Käufen verdienen.[3] Eine andere Studie kam sogar zu dem Schluss, dass Analystenratschläge nur eine Trefferquote von 50 % hätten und zu drei Vierteln aus Kaufempfehlungen und nur zu einem Prozent aus Verkaufempfehlungen bestünden. Meist liefen die Experten nur der Entwicklung hinterher und seien häufig sogar Kontraindikatoren.[4] Die Geldanlage ist also oftmals umso besser, je mehr sie den Anlageempfehlungen der Experten entgegengesetzt ist. Wenig verwunderlich ist es dann auch, dass eine Studie des Finanzwissenschaftlers Reinhart Schmidt zu dem Ergebnis kommt, dass Geldanlagen auf Grund von Aktienanalysten-Tipps zu hohen Verlusten führen können.[5]
Vergessen wird auch oft, dass sich die Rahmenbedingungen einer Anlage heute schnell ändern können. Der Investmentexperte Marc Faber meinte sogar, dass sich die wirtschaftlichen Umstände oftmals gerade dann änderten, wenn die Masse der Anleger meint, die Richtung erkannt zu haben. Vorsicht sei geboten, wenn die ganze Welt von einem Anlageobjekt fasziniert sei und fest

daran glaubt, mehr daran verdienen zu können als durch eigene Arbeit.[6]

Dass in optimistischen Aussagen von Experten sogar ein Warnsignal zu sehen ist, hat sich oft bestätigt. Daher riet der Begründer der technischen Analyse Humphrey B. Neill den Anlegern, auf der Hut zu sein, wenn Experten erklärten, dass „diesmal alles anders" werde. Weiter zitierte er den Begründer der Massenpsychologie Le Bon, welcher die Tendenz der Haltung von Massen zu irrationalen Entscheidungen betont hat.[7]

Vergessen sollte man auch nie, dass Empfehlungen von Experten immer profitorientiert sind. Der Finanzexperte der Verbraucherverbände Manfred Westphal riet deshalb den Anlegern, den Vertrauensvorschuss gegenüber Anlageberatern möglichst klein zu halten. Investoren sollten sich vor der Beratung selbst informieren, um nicht vom Berater über den Tisch gezogen zu werden. Eine Untersuchung der Stiftung Warentest ergab ebenfalls durchweg schlechte Noten für die Beratungsleistung von Kreditinstituten.[8] Häufig wird eben auch übersehen, dass die Kreditinstitute in erster Linie den eigenen Nutzen, weniger den des Kunden im Blick haben. So sicherte beispielsweise die Dresdner Bank Ecuador-Anleihen mit entsprechenden Schuldbriefen von Anlegern ab. Als Ecuador die Zahlungsunfähigkeit anmeldete, verloren die Anleger entsprechend den Vertragsbedingungen ihr Geld.[9]

Immer wieder muss man vor dem sogenannten grauen Kapitalmarkt warnen. Das ist der Sektor, welcher nicht unter Kontrolle der Bundesanstalt für Finanzdienstleistungsaufsicht (BaFin) steht. Hier tummeln sich viele trickreiche Anlagebetrüger. Sie sind daran zu erkennen, dass sie telefonisch oder direkt Kontakt suchen und mehr als 5 % Rendite versprechen. Ein typisches Graumarkt-Angebot ist die stille Beteiligung, bei der der Anleger alles verliert, wenn die Gesellschaft pleite geht. Auch hohe Provisionen und Zeitdruck sollten zur Vorsicht mahnen.[10] Dass jedoch einige dieser Punkte auch auf die Banken zutreffen, sollte man nicht vergessen. Auch hier kann man schnell eine zweifelhafte Anlageform, wie aktuell etwa einen Aktien- oder Immobilienfonds, angedreht bekommen. Mit Recht wurde daher von der Deutschen Schutzvereinigung für Wertpapierbesitz darauf hingewiesen, dass es Banken leicht möglich ist, dem Anleger ein Fonds einzureden, welchen die Bank loswerden will.[11] Misstrauen auch gegenüber solchen Experten-Empfehlungen ist also mehr als ratsam.

Eine sehr hohe Aufmerksamkeit wird den Aussagen von Notenbankchefs gewidmet. Doch der Kleinanleger kann diesen meist wenig Informationen abgewinnen. Diese Aussagen werden nämlich überaus diplomatisch formuliert; man muss auf jede Nuance achten. So erklärte der amerikanische Notenbankpräsident Greenspan, das Schwerste an seiner Aufgabe sei das Erlernen einer Sprache gewesen, welche öffentlich viel sagt, was letztlich nichts aussage.[12]

Auch die Urteile von Wirtschaftsforschungsinstituten sind meist nicht für objektive Vorhersagen zu gebrauchen. Mit der Tatsache konfrontiert, dass die meisten Prognosen in der Vergangenheit falsch waren, erklärte der Leiter der Konjunkturabteilung im Kieler Institut für Weltwirtschaft, Joachim Scheide: „Natürlich haben wir uns schon oft geirrt".[13] Claus-Heinrich Daub von der Baseler Prognos AG ist sogar überzeugt, dass auch falsche Prognosen gut seien, da sie die Menschen zwingen würden, sich mit der Zukunft zu befassen: Je mehr Zahlen, auch falsche, eine Prognose enthalte, desto besser, weil dadurch der Druck auf die Entscheider wachse, die Analyse ernst zu nehmen.[14] Die Prognosen sind meist viel zu optimistisch. So behauptete eine Untersuchung der Unternehmensberatung McKinsey 1995, dass Indonesien der attraktivste Unternehmensstandort im Jahr 2004 sein solle.[15] Nach der Währungskrise seit 1997 versinkt das Land jedoch im Chaos. Dies ist nur ein Beispiel für falsche Vorhersagen, welche nicht die Funktion des Systems berücksichtigen.

Nicht viel besser sind die Urteile von Wirtschaftsprüfern, welche Unternehmen bewerten sollen. Vergessen wird dabei, dass die zu prüfenden Unternehmen selbst die Wirtschaftsprüfer bezahlen und allein deshalb das Urteil nicht objektiv sein kann. Bernhard Blohm, Vorstandschef von Equinet Communications, meinte

deshalb, dass Wirtschaftsprüfer so etwas darstellen wie eine Vereinigung von Füchsen zum Schutz der Gänse.[16]
Ähnlich unbrauchbar sind meist auch die Tipps von Börsen- und Anlegerzeitschriften. So heißt es in einer Studie der Universität Essen: „Die Gefahr, mit diesen Tipps Schiffbruch zu erleiden, ist weitaus größer als die Chance auf Rendite.“ Nur bei 5 % der empfohlenen Aktien wurde ein längerer Kursanstieg beobachtet, während jedes dritte Papier schon vom Kauf an ständig an Wert verlor.[17]
Wer einmal erkannt hat, dass die grundlegenden Abläufe im Finanzsektor auf einfachen Grundlagen beruhen, kann das Wissen für eigene Entscheidungen nutzen. Während man in allen Bereichen zur Vorsicht gegenüber Unbekannten aufgerufen wird, soll gerade im Geldwesen blindes Vertrauen in Institutionen gehegt werden, welche man gar nicht kennt. Unser Geld erscheint uns heute als so selbstverständlich, dass kaum jemand hier die Quelle von Problemen vermutet. „Über Geld redet man nicht, man hat es“ – auf diesen Satz beschränkt sich oft die ganze Diskussion. Diese Einstellung aber verhindert eine kritische Betrachtung, welche überhaupt erst eine Voraussage künftiger Entwicklungen ermöglicht. Bedenken Sie immer: Letztlich sind Sie selbst für Ihr Vermögen verantwortlich. Kein Experte, Berater oder Politiker kann Ihnen die Entscheidungen wirklich abnehmen und wird im Schadensfall haften!

„Nicht vom Wohlwollen des Metzgers, Brauers oder Bäckers erwarten wir das, was wir zum Essen brauchen, sondern davon, dass sie ihre eigenen Interessen wahrnehmen. Wir wenden uns nicht an ihre Menschen- sondern an ihre Eigenliebe, und wir erwähnen nicht die eigenen Bedürfnisse, sondern sprechen von ihren Vorteilen."

Adam Smith, Nationalökonom[18]

Die Ausgangslage - unser Geldsystem[19]

Wer sich mit sicheren Geldanlagen beschäftigt, muss sich zuerst darüber im Klaren sein, wie unser Finanzsystem funktioniert und – vor allem – welche entscheidenden Fehler es aufweist. Eine gründliche Analyse unseres Geldsystems ist deshalb unverzichtbar.

Das Geld als Tauschmittel

Zuerst ist es sinnvoll, sich über die Grundbegriffe klar zu werden. Dann ist es leichter, die tieferen Strukturen zu ergründen.
Arbeitsteilung: Das Wirtschaftssystem, in dem wir leben, basiert auf der Arbeitsteilung. Wenn sich jeder auf die Tätigkeit konzentrieren kann, welche seiner Begabung und seinem Talent entspre-

chen, ist die gesamte Arbeitsleistung viel höher, als wenn der Einzelne nur für den eigenen Bedarf produzieren würde.
Marktwirtschaft: Voraussetzung für die Arbeitsteilung ist ein freier Markt, auf dem jeder seine Waren anbieten kann. Die Preisbildung erfolgt nach Angebot und Nachfrage. Wenn beispielsweise viele Leute bestimmte Kleidungsstücke kaufen, weil sich ein neuer Modetrend gebildet hat, dann übersteigt die Nachfrage das Angebot. Der Verkäufer kann deshalb den Preis erhöhen, bis gerade noch genügend Nachfrage da ist. Kommt ein Kleidungsstück aus der Mode, wird er den Preis senken. Dadurch wird der Angebotsüberschuss beseitigt. Marktwirtschaft ist also selbstregulierend. Der Markt reguliert über den Preis den Austausch so, dass Angebot und Nachfrage sich ausgleichen.
Tauschmittel: Direkter Tauschhandel ist ineffektiv. Der Kleidungsproduzent möchte Kleidung gegen Brot eintauschen, der Bäcker hat in der heißen Backstube jedoch keinen Bedarf für warme Kleidung – dieser Handel kommt nicht zustande. Eine weitergehende Arbeitsteilung und damit Leistungssteigerung im Wirtschaftssystem wäre ohne Tauschmittel unmöglich. Dieses Tauschmittel ist unser Geld. Damit ist der Produzent nicht mehr auf direkten Austausch angewiesen. Der Tauschhandel kann von Ort und Zeit abgekoppelt werden. Der Kleidungshersteller kann nun seine Waren an Käufer gegen Geld eintauschen. Mit dem Geld kann er an anderem Ort zu anderer Zeit das benötigte Brot erwerben. Auch Dienstleistungen können so einfach abgegolten werden.

„Das Finanzsystem genießt dabei eine privilegierte Stellung. Ohnehin ist Kapital beweglicher als andere Produktionsfaktoren, Finanzkapital jedoch ist noch mobiler als Direktinvestitionen. Es geht dorthin, wo es die höchste Belohnung erwartet...“

George Soros, Spekulant [20]

Erste Probleme im Geldsystem

Edelmetallgeld: Mit der Verwendung von Edelmetallen fingen jedoch die ersten Probleme im Geldwesen an. Die durch Arbeitsteilung gesteigerte Leistungsfähigkeit des Wirtschaftssystems erforderte eine entsprechende Vermehrung des umlaufenden Geldes. Die Kapazität der Bergwerke konnte jedoch nicht in gleichem Umfang zur Edelmetallgewinnung gesteigert werden. Das Gleichgewicht zwischen umlaufender Geldmenge und Produktivität der Wirtschaft war gestört. Da der steigenden Gütermenge eine gleichbleibende Geldmenge gegenüberstand, verfielen die Warenpreise.
Geldhortung: Zunehmend lohnte es sich, Geld anzusammeln und nicht auszugeben, weil die Kaufkraft des Tauschmittels durch den Preisverfall anstieg. Durch die Geldansammlung verschärfte sich die Problematik weiter: Die umlaufende Geldmenge wurde noch kleiner, dementsprechend stieg die Kaufkraft der Währung, und die Preise verfielen. Durch fallende Preise wiederum lohnte es sich, noch mehr Geld anzusammeln. Heute nennen wir solch einen Teufelskreislauf „deflationäre Abwärtsspirale". Damals war die Anlage in Edelmetallgeld die bei weitem attraktivste Anlageform.
Erzwungene Expansion: Im Prinzip gab es in der Vergangenheit für Staaten nur eine Möglichkeit, dem Zusammenbruch des Finanzsystems zu entgehen: Die gewaltsame Expansion, um durch Ausplünderung der eroberten Provinzen das Zentrum durch zufließendes Tauschmittel am Leben zu erhalten. Die Geschichte des Römischen Reiches ist hier das beste Beispiel. Als die militärische Expansion des Reiches an Grenzen stieß, kam es in kurzer Zeit zu einer raschen Verarmung der Bevölkerung, und mit dem Finanzwesen ging auch die Gesellschaft unter.[21]
Papiergeld: Eine Verbesserung ergab sich erst, als im letzten Jahrhundert Papiergeld eingeführt wurde. Leider war auch dieses immer noch bis in die 70er Jahre vom Edelmetall abhängig: Es war lange Zeit mit Gold „gedeckt". Das heißt, ein gewisser Anteil des Geldvolumens musste in Form von Gold bei der Notenbank

hinterlegt sein. Damit wurde die Problematik des sinkenden Geldvolumens sogar noch verschlimmert. Beispielsweise war in Deutschland Ende der 20er Jahre das Geld zu einem Drittel mit Gold gedeckt. Nach dem Börsenkrach in Amerika im Oktober 1929 wurden nach Europa vergebene Kredite gekündigt. Die Rückzahlung war nur möglich, indem das Gold aus Deutschland zum Großteil abgezogen wurde. Um die Dritteldeckung aufrechtzuerhalten, musste die Notenbank daher entsprechend Papiergeld aus dem Umlauf nehmen. Eine gravierende Deflation stürzte große Teile der Bevölkerung in bittere Armut. Letztlich kann sogar der Zweite Weltkrieg auf die entstandene Wirtschaftskrise zurückgeführt werden. Nach dem Zweiten Weltkrieg wurden die entscheidenden Währungen weltweit an den US-Dollar gekoppelt, und dieser war mit Gold gedeckt. Man hatte bis zum Zerfall dieses in dem Ferienort Bretton Woods vereinbarten und danach benannten Systems bis zu seinem Zusammenbruch 1973 eine goldgedeckte Währung. Heute ist die Edelmetallwährung weitgehend zugunsten ungedeckter Papierwährung zurückgedrängt worden. Dies erlaubt es der Notenbank, die benötigte Menge an Tauschmittel dem Bedarf der sich entwickelnden Wirtschaft anzupassen. Leider wurde dadurch jedoch noch nicht eine der größten Fehlerquellen im Finanzsystem behoben.

Der Zins als Fehlstruktur

Preisindex: Entscheidend für die Entwicklung eines durchschnittlichen Preisniveaus und damit die Stabilität des Gesamtsystems ist das Verhältnis der Produktion zur umlaufenden, nachfragenden Geldmenge. Das durchschnittliche Preisniveau muss stabil sein, um für die Marktteilnehmer planbare Bedingungen zu gewährleisten. Nur wenn die richtige Menge an Tauschmittel im Vergleich zur Gütermenge umläuft, kann der Preisindex stabil sein. Steigt die umlaufende Geldmenge im Vergleich zum Warenangebot, so steigen die Preise und man spricht von Inflation. Sinkt dagegen die umlaufende Geldmenge gegenüber der Warenmenge, so gehen die Preise zurück, eine Deflation entsteht.

Umlaufende Geldmenge: Die Notenbank kann zwar die ausgegebene Geldmenge exakt quantifizieren, hat jedoch auf den Geldumlauf nur wenig Einfluss. Da unser Papiergeld im Vergleich zu Waren ohne Nachteil zurückgehalten werden kann, entstehen wieder ähnliche Probleme wie bei der Edelmetallwährung. Je nach Entwicklung der Gesamtwirtschaft, vor allem des Preisniveaus, wird Tauschmittel dem Geldkreislauf entzogen. So gehen Untersuchungen der Deutschen Bundesbank davon aus, dass nur etwa ein Drittel des Bargeldbestands in Umlauf ist. Ein Drittel befinde sich im Ausland, ein weiteres Drittel werde im Inland gehortet.[22]

Entstehung des Zinses: Durch die Eigenschaft des Geldes, dass es ohne Nachteile dem Umlauf entzogen werden kann, kann der Geldbesitzer für die Verleihung einen Preis, den Zins, verlangen. Würde der Zins nicht bezahlt, wäre es für den Zahlungsmittelinhaber lukrativer, das Geld zu horten, also liquide zu haben. Warenanbieter und Dienstleister hingegen stehen unter Angebotsdruck. Das Geschäft verursacht Unkosten, auch wenn kein Gewinn erzielt wird, Möbel verursachen beispielsweise Lagerkosten und werden unmodern, Lebensmittel verderben, Zeitungen verlieren ihre Aktualität usw. Da dies beim Geld nicht so ist, erfüllt es seine Funktion als Tauschmittel nicht optimal. Ein optimales Tauschmittel müsste – auch wenn man sich mit dieser Forderung zunächst nur schwer anfreunden möchte – ebenfalls leicht an Wert verlieren. Ein solches Geld würde bereits dann gern verliehen werden, wenn man am Ende den effektiven Wert zurückerhält und nicht erst einen Zins, der den inflationären Verfall überkompensiert. Während die Arbeitskraft zur Aufrechterhaltung des Einkommens angeboten werden muss, kann das heutige Geld hingegen warten, bis die Investitionsmöglichkeiten günstiger sind. Das bedeutet, dass der Zins aus der Überlegenheit des Geldes über Ware und Arbeit resultiert. Jedes Geld hat zwei wichtige Funktionen: Es muss Tauschmittel und Schatzmittel (Wertaufbewahrungsmittel) sein. Beide Funktionen sind nicht gleichzeitig erfüllbar: Ist das Geld im Umlauf, wirkt es als Tauschmittel. Liegt es im Tresor, ist es Schatzmittel. Offenbar hat die Verwendung als Tauschmittel für die Wirtschaft und somit für die Gesellschaft herausragende Bedeutung, während der Einsatz als Schatzmittel mehr private Bedeutung hat. Die gesellschaftliche Funktion sollte jedoch Priorität gegenüber der privaten haben. Hier bildet das Geld eine Ausnahmeerscheinung. Es kann nur durch die Zahlung einer Prämie, des Zinses, vom Tresor über Banken und Kredite in die Wirtschaft gelockt werden. Eine langfristig stabile Wirtschaft ist unter diesen Bedingungen nicht denkbar.

Zinseszins: Verschärft wird die Situation noch durch den explosiven Zinseszins-Mechanismus:

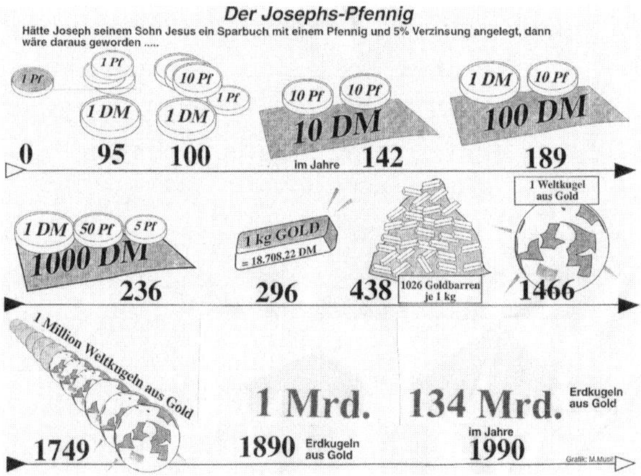

Abb. 2: Entwicklung einer Geldanlage von 1Pf durch 5% Zinseszins (M. Musil)

Wenn Zinsgewinne nicht konsumiert, sondern wieder neu angelegt werden, werfen auch diese in der nächsten Zinsperiode Rendite ab – es entsteht bei gleichbleibendem Zinssatz ein exponentieller Geldanstieg. Exponentielle Entwicklungen verlaufen am Anfang sehr langsam, steigern jedoch die Geschwindigkeit des Zuwachses mit der Zeit immer mehr. In einer begrenzten Welt muss solch ein solcher Zuwachs letztlich zum Zusammenbruch führen. Dabei ist der Vergleich zum stabilisierenden Wachstum in der Natur interessant (Abb. 1). Hingegen mit dem Zinseszins-

Effekt geht das Wachstum letztlich in nur noch theoretisch fassbare Dimensionen über. Hätte man beispielsweise im Jahre 0 nur einen Pfennig zu 5 % Zins p. a. angelegt, hätte das dadurch entstehende Vermögen im Jahre 1466 den Wert einer Erdkugel aus Gold und im Jahr 1990 bereits den Gegenwert von 134 Milliarden (!) Erdkugeln aus Gold erlangt (Abb. 2, Grundlage: Goldpreis von 1995). Schnell wird deutlich, dass solch ein Zuwachs mittel- und langfristig zu instabilen Zuständen, letztlich zum Zerfall des Systems führen muss.

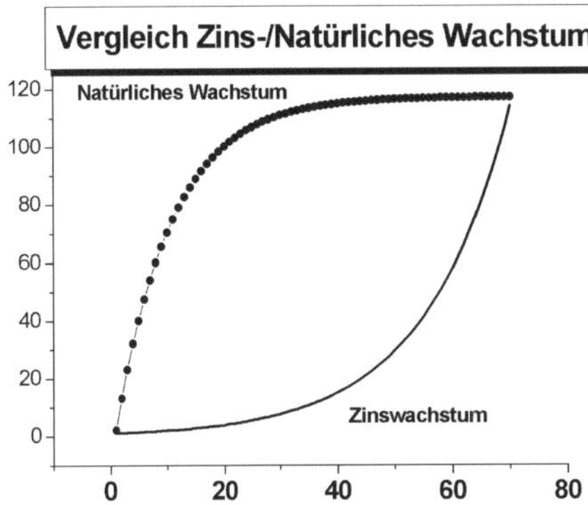

Abb. 1: Zinswachstum und natürliches Wachstum

Stabiles Geld muss folgende Voraussetzungen erfüllen:

- Es darf nicht beliebig herstellbar sein. Es muss die richtige Geldmenge zur Gütermenge vorhanden sein.
- Die Herstellung des Tauschmittels muss, wenn es die Wirtschaft erfordert, mit wenig Aufwand möglich sein.
- Das Geld muss zu jeder Zeit dem Markt als Tauschmittel für den Austausch zur Verfügung stehen, anderenfalls kommt es zu Störungen im Marktablauf.

„Dass etwas an einem Finanzmarkt nicht ganz stimmt, wird angezeigt durch übertriebene Spekulation, ein überhitztes Handelsvolumen oder eine stark ansteigende Verschuldung auf Seiten der Anleger und Unternehmen. Auch weit übertriebene Erwartungen des Anlagepublikums und eine Fachliteratur, welche weiterhin starke Preiserhöhungen voraussagt, indem gewaltige Kursgewinne einfach in die Zukunft extrapoliert werden, sollten jeden Anleger skeptisch stimmen." Die Welt, 6.9.99

Gefahren für Ihr Vermögen

Folgende Gefahren ergeben sich aus den Fehlstrukturen im Kapitalsystem für Ihr Vermögen:

- Vermögensverlust durch Schuldenkrisen
- Einkommensverluste durch Steuern und Sozialabgaben
- Verarmung durch Vermögensumverteilung
- Einkommensverlust durch Konjunkturverschlechterung
- Gefahren durch Deflation und Wirtschaftskrise
- Vermögensverluste durch Währungskrisen und den Euro

Vermögensverlust durch Schuldenkrisen

Durch Anlage auch der Zinserträge vermehrt sich ein Geldvermögen in erster Näherung exponentiell, also mit steigender Geschwindigkeit. Damit verbunden ist eine in gleichem Umfang ansteigende Verschuldung. Heute bereits können immer mehr Privatpersonen und Betriebe ihre Schulden nicht mehr begleichen. Das zeigen Statistiken zu Privat- und Firmeninsolvenzen deutlich. Zu überaus bedenklichen Schuldnern sind auch Staaten geworden. Der deutsche Staat fällt dabei mit Schulden von 1,3 Bio. Euro und einer Neuverschuldung in 2003 von über 43 Mrd. Euro besonders auf. Seit 1955 ist sein Verschuldungsgrad immer nur gestiegen. Heute sind 16.000 Euro pro Kopf der Bevölkerung erreicht. Niemand hat eine Idee, wie diese Schulden zügig abgebaut werden könnten.

Da angelegte Geldvermögen Forderungen gegen einen Schuldner darstellen, werden sie wertlos, wenn der Schuldner zahlungsunfähig wird. Geldvermögen, welche nicht für Konsum, Investitionen oder zur Spekulation benötigt werden, sind in der Regel bei Banken verzinslich angelegt. Der Renditezuwachs wird oft dem Gesamtvermögen zugeschlagen, also ebenfalls weiterverliehen.

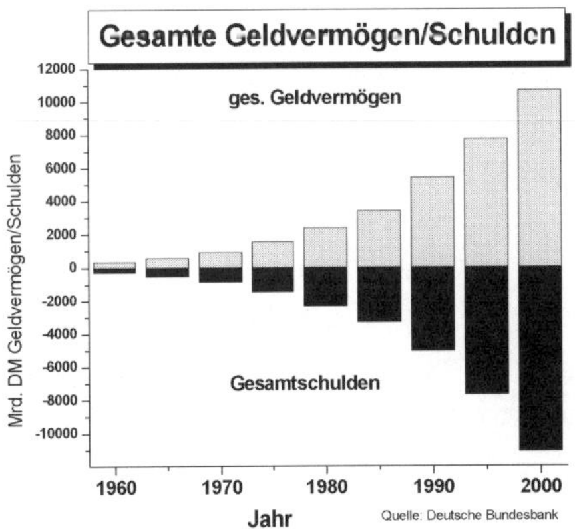

Abb. 3: Entwicklung der gesamten Geldvermögen/Schulden

Die Verschuldung muss also um den gleichen Betrag zunehmen, wie die Geldvermögen durch Zins anwachsen. Abb. 3 zeigt die in etwa exponentielle Entwicklung der gesamten Geldvermögen und Verschuldung in Deutschland.
Häufig wird in der Presse allein die Staatsverschuldung thematisiert (Abb. 4). Behauptet wird dabei, dass die explodierende Verschuldung durch maßlose Ansprüche der Bevölkerung an den Sozialstaat entstanden sei und dies nun durch drakonische „Sparprogramme“ abgebaut werden müsse. Da ist sicher etwas Wahres dran, jedoch ist dies keineswegs die Ursache der hohen Staatsverschuldung.

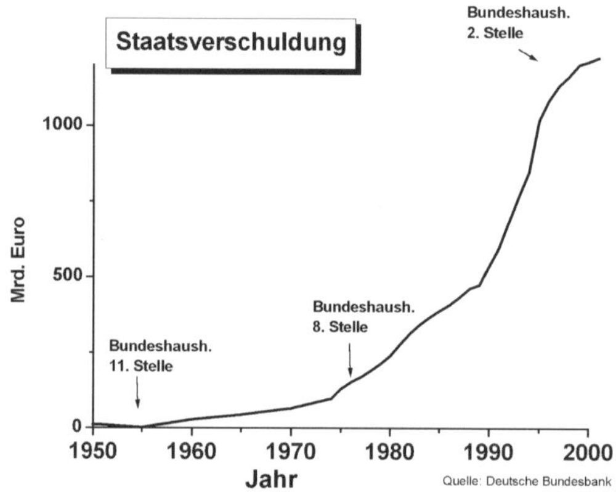

Abb. 4: Verschuldung der öffentlichen Haushalte in Deutschland

Wie soll die Staatsverschuldung abgebaut werden, wenn ohne Neuverschuldung nicht einmal die Zinsen beglichen werden können? Die Zinsen machten vom Steueraufkommen Anfang der 70er Jahre keine 5 % aus. Heute muss fast ein Viertel der Steuern dafür ausgegeben werden.[23] Vor fast einem Vierteljahrhundert äußerte ein späterer Bundesbankpräsident, dass man doch nicht so naiv sein sollte, zu glauben, der Staat werde je seine Schulden zurückzahlen können. Er müsse stets nur so solvent bleiben, um die alten Kredite durch neue zu ersetzen.[24] Vergessen wird dabei, dass ein Zuwachs der Geldvermögen durch das Zinssystem zwangsläufig zu einer Vermehrung der Gesamtverschuldung führen muss. Ein „Wegsparen“ der Schuld ist damit volkswirtschaftlich unmöglich. Denn dann stünde den auch durch den Zinseszins-Effekt gewachsenen Geldvermögen kein gleichgroßes Volumen an Verschuldung gegenüber. Würde es dazu kommen, dass das Angebot an Krediten deutlich größer als die Nachfrage ist, müsste der „Knappheitsindikator“ Zins bis auf 0 % gesenkt werden. Doch wenn nicht ein gewisser Zins gezahlt wird, ist auch niemand mehr bereit, Geld zu verleihen: Das Geld zieht sich von den Banken in die Tresore und Sparstrümpfe zurück; es entsteht Deflation, und die Wirtschaft gerät schwer unter Druck. Ein „Wegsparen“ von Verschuldung wäre deshalb katastrophal in unserem System. Ohnehin ist die Staatsverschuldung nur ein Teil der Gesamtverschuldung (Abb. 5).

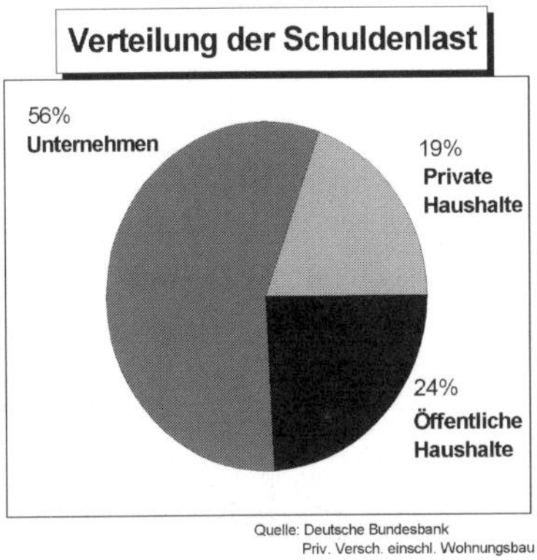

Abb. 5: Verteilung der Gesamtschulden auf Staat, Unternehmen, Privathaushalte

Eine Zunahme der Verschuldung bedingt bei gleichbleibendem Zinssatz ein Anwachsen der Zinsen. Der über der Inflationsrate liegende Zinsanteil ist ein leistungsloses Einkommen. Daran ändern auch die verbreiteten Ansichten nichts, Zins sei der Preis für die Aufgabe von Liquidität. Denn hier handelt es sich stets um wegen des Überschusses sowieso nicht benötigte Liquidität. Mit der Liquiditätsaufgabe ist also kein Nachteil verbunden, der eine Extrahonorierung von mehreren Prozent p. a. rechtfertigen würde.

Da, wo auf der einen Seite aber ein Einkommen leistungslos zufließt, muss auf der anderen Seite logischerweise ohne entsprechende Vergütung geleistet werden. Irgend jemand muss diese Zeche zahlen! Hohe Verschuldung, das ist eine Binsenweisheit, die sich bei Privaten, Wirtschaft und Staat gleichermaßen bestätigt, schränkt damit die Handlungsfähigkeit des Schuldners ein. Leicht werden die Zinslasten letztlich unbezahlbar, es kommt zum Staatsbankrott, zu einer Wirtschaftskrise oder – als letzter Ausweg – zu einem Krieg. Dies wird auch von den historischen Abläufen belegt. So entwickelte sich beispielsweise die deutsche Staatsverschuldung in größeren Abschnitten annähernd exponentiell. Die Entwicklung endete in Wirtschaftskrisen und Kriegen (Abb. 6).

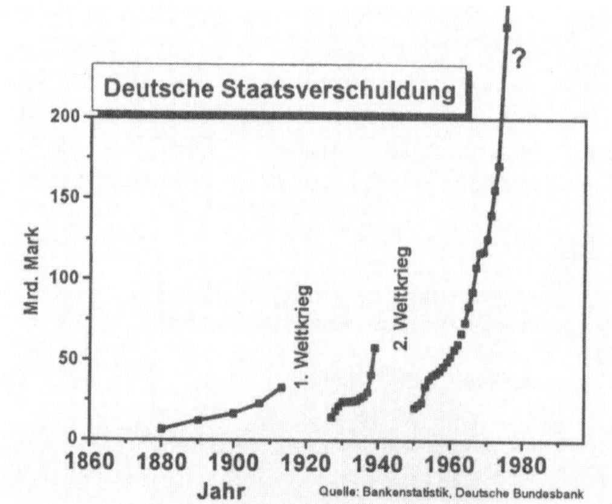

Abb. 6: Deutsche Staatsverschuldung

Deutlich wird, dass die gegenwärtigen Abläufe im Finanzsektor zwangsläufig zu Wirtschaftskrisen und Zusammenbrüchen führen müssen. Für den Anleger, der beispielsweise in Staatspapiere investiert, ergibt sich die reale Gefahr des Vermögensverlustes durch Bankrott des Schuldners. Es handelt sich dabei nicht um eine rein theoretische Gefahr, sondern um eine reale Bedrohung, wie beispielsweise die Einstellung der Bedienung von Anleihen durch Ecuador im Herbst 1999 und durch die Ukraine im Januar 2000[25] sowie Argentinien Anfang 2002 zeigten. Die Frage heißt nicht, ob, sondern nur wann die Schuldenlast unbezahlbar wird. Ihre entsprechende Vorbereitung ist deshalb unverzichtbar. Jedoch ist die durch den Zinseffekt explodierende Verschuldung mit der Gefahr des Bankrotts nicht die einzige Bedrohung.

„Der älteste Fluch des Menschen ist das Geld.“
Sophokles

Einkommensverluste durch Kürzungen, Steuern und Abgaben

Der steigenden Staatsverschuldung kann einerseits durch Kürzungen und Nullrunden, beispielsweise bei den Renten, und andererseits durch Erhöhung der Steuer- und Abgabenlasten entgegengewirkt werden. So kamen beispielsweise im Herbst 2003 die Erhöhung der Mehrwertsteuer und die Abschaffung des Sparerfreibetrags in die Diskussion. All diese Maßnahmen beschneiden konkret Ihre Möglichkeit, ein Vermögen aufzubauen bzw. zu mehren.
Kürzungen sowie steigende Abgaben- und Steuerlast äußern sich vor allem an der zunehmenden Differenz zwischen Brutto- und Nettolohn (Abb. 7). Durch weitergehende Verschuldung des Staates wird Ihre Abgabenlast noch deutlich zunehmen. Machte

die Zinslast vom Steueraufkommen 1950 keine 2 % aus, ist diese inzwischen auf mindestens 25 % gestiegen.[26] Dabei gibt es für den Staat im heutigen System keine andere Möglichkeit, die steigenden Zinsforderungen zu begleichen, als die Abgaben heraufzusetzen und die Leistungen einzuschränken. In keinem Industrieland ist, neben Belgien, die Abgabenlast so hoch wie in Deutschland.[27] Schon im Jahr 2000 musste der durchschnittliche Arbeitnehmer (bei einer Abgabenlast von 57 %) schon 201 Tage nur für Steuern und Abgaben arbeiten. Vor dreißig Jahren lag die Abgabenlast demgegenüber erst bei 41 %.[28]

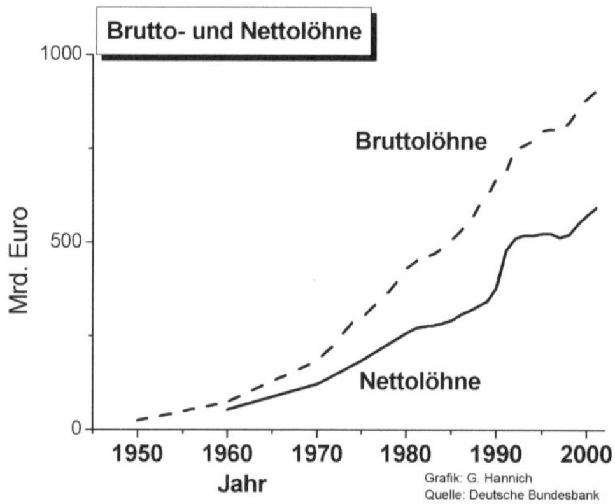

Abb. 7 : Brutto- und Nettolöhne/Gehälter (Summe)

Für eine langfristige Vermögensplanung können Sie deshalb keinesfalls vom gegenwärtigen frei verfügbaren Einkommen ausgehen. Auch muss mit einem zunehmenden Vermögensaufbrauch der unteren Schichten gerechnet werden, weil das monatliche Einkommen nicht mehr ausreicht, um den Lebensstandard zu halten. Neben den Steuern sind auch die Sozialabgaben übermäßig angestiegen und kürzen damit das Nettoeinkommen beträchtlich. Seit 1980 sind die Soziallasten doppelt so stark gestiegen wie Löhne und Gehälter.[29] Heute umfasst das zu finanzierende Sozialbudget ein Volumen von ungefähr 700 Mrd. Euro. 1962 lag der Betrag noch bei einem Sechstel davon.[30] Ein großer Teil der Soziallasten wird durch die Rentenversicherung verursacht.

„Ein pflichtversicherter Arbeitnehmer, der 40 Jahre lang den höchstmöglichen Beitrag an die gesetzliche Rentenversicherung abgeführt hat, erhält heute eine Monatsrente von etwas mehr als 3500 DM. Würde er den gleichen Betrag privat bei einer Lebensversicherung angelegt haben, könnte er allein an Zinsen 6600 DM monatlich kassieren und hätte noch obendrein ein Vermögen in Millionenhöhe zur Verfügung."

Süddeutsche Zeitung, 16.6.2000

Rentenzwangsversicherung

Beachten sollten Sie bei der Vermögensplanung auch, dass sich das Missverhältnis zwischen den Einzahlungen und den zu erwarteten Leistungen bei der Rentenversicherung verschärfen wird. Einzahlungen in die gesetzliche Rentenversicherung gehören zu den unrentabelsten „Anlageformen" überhaupt! Während das Volkseinkommen in den letzten 20 Jahren um 32 % angestiegen ist, haben die Renten nur um 2 % zugenommen. Das Deutsche Institut für Altersvorsorge erklärte, dass die Schere in Zukunft noch viel weiter auseinandergehen werde.[31]

Kaum jemand weiß heute, wie sehr Einzahlungen in die Rentenversicherung die Arbeit gegenüber dem Kapital benachteiligt: Beispielsweise werden bei einem Bruttojahresgehalt von 28.000 Euro etwa 5.600 Euro (einschließlich Arbeitgeberanteil) für die Rentenversicherung vereinnahmt. Nach 45-jähriger Einzahlung ist momentan eine Rente von 1.170 Euro im Monat zu erwarten. Wäre das Vermögen kontinuierlich bei einem Zinssatz von 5 % angelegt worden, wäre jedoch ein Vermögen von über 900.000 Euro entstanden. Allein die Zinszahlungen würden monatlich bei über 1.900 Euro liegen (Abb. 8).[32]

Diesen Vergleich sollten Sie allerdings nicht missverstehen: Im Endeffekt kann nur das an die Rentner verteilt werden, was an realen Gütern und Dienstleistungen zur Verfügung steht. Insofern gibt es keinen grundlegenden Unterschied zwischen dem deutschen Umlageverfahren und dem beispielsweise in den USA gepflegten Ansparverfahren. Würde dieses großflächig eingeführt, müssten sich die oben skizzierten Entwicklungen nur noch mehr beschleunigen.

Die Rentenversicherungspflicht stellt aktuell für Sie als Arbeitnehmer vor allem deshalb einen großen Nachteil beim Vermögensaufbau dar, weil durch die strukturellen Systemfehler ein Umverteilungsmechanismus existiert, junge Menschen immer skeptischer in die Zukunft schauen und daher auf Kinder verzichten. Deutschland rangiert in der Geburtenrate von allen Ländern an vorletzter Stelle!
Während Unternehmer und Millionäre Geldbeträge direkt in rentable Anlageformen investieren können, müssen Arbeiter und Angestellte relativ große Beträge innerhalb eines unrentablen Systems umlegen. Nichts wird angelegt, sondern die eingezogenen Beiträge werden umgehend wieder an die Rentner ausbezahlt! Darüber entscheidet eine Behörde. Es gibt also keine Reserven für den Krisenfall. In Zukunft sollen die Leistungen noch erheblich weiter eingeschränkt werden. Die Diskussion um eine „Grundrente", also einer Minimumrente unabhängig von den eingezahlten Beiträgen, wird immer aktueller.

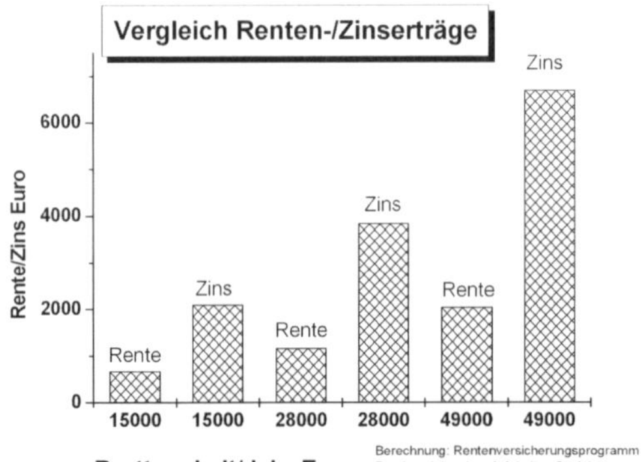

Abb. 8: Rente/Zinsertrag pro Monat im Vergleich

Zunehmend werden Überlegungen angestellt, die Schieflage des Rentensystems durch eine obligatorische Zusatzversorgung zu bremsen. So verlangte der Chefvolkswirt der Deutschen Bank Norbert Walter eine vom Staat verordnete Pflicht zur kapitalgedeckten Rente und höhere Eigenbeteiligung bei der Krankenversicherung.[33] Es ist klar, dass diese Maßnahmen die Arbeitnehmer drastisch belasten und zu einer Einschränkung der Kaufkraft führen würden. Entspannung sollte auch die freiwillige kapitalgedeckte Riester-Rente bringen. Da dieses System – typisch deutsch – viel zu kompliziert gestrickt wurde, konnte es sich jedoch nicht durchsetzen. Es ist überdies fragwürdig. So werden die Auszahlungen vom Zinsniveau abhängen. Steigende Zinsen sollen dabei zu einer Reduzierung der Rentenzahlungen führen. Im Crash würden damit sofort durch schnell steigende Zinssätze die Renten reduziert werden.[34]

Dass die Belastungen durch Sozialabgaben zunehmen werden, darauf deuten auch Forderungen der AOK Bayern hin, nicht nur Arbeitseinkünfte, sondern auch übrige Gelder, wie Mieten, Vermögenserträge oder Gewinne von Unternehmen mit Kassenbeiträgen zu belasten.[35] Gleichzeitig forderten die Arbeitgeberverbände eine Absenkung der Leistungen auf eine Basissicherung und die Einführung einer Zuzahlungspflicht für Arztbesuche.[36] In die gleiche Richtung geht ein Strategiepapier der Krankenkassen, welches noch zusätzlich die Einbeziehung des Produktionsfaktors Kapital (Maschinenbeitrag) fordert und das gesamte Arbeitseinkommen, auch von Selbständigen und Beamten zur Pflichtabgabe heranzuziehen. Gleichzeitig soll die kostenlose Mitversicherung von Angehörigen eingeschränkt und die Versicherungspflichtgrenze drastisch angehoben werden.[37] Ab 2004 sollen 10 Euro monatlich für den Arztbesuch gezahlt werden. Weitere Belastungen werden folgen.

Doch auch als Unternehmer oder Beamter müssen Sie mit steigenden Abgaben rechnen. Diese Mehrausgaben würden Ihr Nettoeinkommen schmälern und die Leistungen durch die Sozialkasse absenken, da sich die Rentenauszahlung am Nettoeinkommen orientiert.[38]

Überdies wird eine deutliche Anhebung des Rentenalters gefordert. So verlangte die OECD, dass ein Arbeitnehmer bis zum 70. Lebensjahr arbeiten solle, gleichzeitig die Sozialversicherungsbeiträge angehoben und die Renten gekürzt werden müssten.[39] Auch hinsichtlich der verschärften Entwicklung der Staatsfinanzen dürfen Sie keinesfalls auf diese Vermögensanlage im Alter vertrauen. Konsequenz für Sie kann nur sein, Zahlungen der Beiträge möglichst legal einzuschränken bzw. frühzeitig Leistungen zu beantragen.

„Man muss das Wahre immer wiederholen, weil auch der Irrtum um uns herum immer wieder gepredigt wird, und zwar nicht von Einzelnen, sondern von der Masse.“ Johann Wolfgang von Goethe

Verarmung durch Vermögensumverteilung

Der Zins ist die wichtigste Ursache dafür, dass sich das Geldvermögen in immer weniger Händen konzentriert. Die Bevölkerung wird dabei in wenige Zinsgewinner und viele Verlierer gespalten. Als durchschnittlicher Anleger verlieren Sie dabei wesentlich mehr Geld als Sie gewinnen. Wer viel Geld hat, verleiht dieses und wird durch den Zins jährlich reicher. Das durch Verzinsung vergrößerte Vermögen kann nun wieder verliehen werden usw. So wächst das Vermögen nach der Zinseszinsrechnung exponentiell an. Auf der anderen Seite muss der Zinsgewinn erwirtschaftet werden. Die Menschen, welche von vornherein nicht soviel

Geldvermögen verzinst anlegen konnten, fallen in der Vermögensverteilung im Laufe der Zeit immer weiter zurück. Zwangsläufig müssen sie über die wachsende Schuldenlast für die Verzinsung der Geldvermögen aufkommen. Die Reichen werden reicher, die Armen werden ärmer bzw. die Mittelschicht verarmt zunehmend. Wie weit die Entwicklung schon fortgeschritten ist belegen folgende Zahlen:

- In einer UNO Studie wurde ermittelt, dass weltweit 358 Milliardäre fast die Hälfte des Welteinkommens besitzen. Würde man statt des Einkommens das Vermögen berücksichtigen, wäre der Unterschied noch größer.[40]
- Die drei reichsten Menschen der Erde verfügen zusammen über ein Vermögen, das größer ist als das gesamte Bruttosozialprodukt aller 35 am wenigsten entwickelten Länder mit über 600 Mio. Einwohnern.[41]
- Die CDA (Christlich Demokratische Arbeitnehmerschaft, eine CDU-Organisation) veröffentlichte 1996, dass sich 80 % des Produktivvermögens in Deutschland in den Händen von nur 3 % der Bevölkerung befindet.[42]
- Das DIW (Deutsches Institut für Wirtschaftsforschung) berichtete 1997, dass sich ein Drittel des Nettogeldvermögens auf nur 6 % der Haushalte verteilt. Bei der Erhebung wurden Haushalte mit einem Einkommen von mehr als 18.000 Euro im Monat nicht berücksichtigt. Die Ergebnisse sind deshalb als sehr optimistisch anzusehen.[43]

Wie sehr das Sprichwort stimmt: „Durch Arbeit ist noch niemand reich geworden“, wird beispielsweise daran deutlich, dass die Arbeitseinkommen weit hinter den Geldvermögen zurückbleiben (Abb. 9). Dabei sind die Nettolöhne in der Gesamtwirtschaft seit 1993 nur um 0,5 % gestiegen. Die Lohnquote ist seit 1993 sogar um fast 6 % gefallen und liegt wieder auf dem Niveau der 60er Jahre.[44] Da im Zinssystem letztlich immer reale Leistungen umverteilt werden, muss Ihr Arbeitslohn oder Ihr Unternehmergewinn zwangsläufig langfristig sinken. Anfangs kann der anwachsende Zins noch durch Zuwachs der Produktivität ausgeglichen werden. Mit der Zeit reichen die Zuwächse durch das Wirtschaftswachstum nicht mehr aus, und Ihr Lohn muss gekürzt werden. Wenig bekannt ist, dass Sie als normaler Anleger durch unbemerkte Zinslasten mehr verlieren als durch Zinsgewinne auf Vermögen überhaupt gewinnen können. Auf einen Großteil der Gesamtverschuldung sind von Ihnen Zinsen zu entrichten, auch wenn Sie persönlich nicht verschuldet sind:

- Staatsverschuldung - Über Steuern müssen Sie Zinsen zahlen.
- Unternehmensverschuldung - Der Zins ist im Preis eingerechnet und muss durch Sie beim Kauf bezahlt werden.
- Private Verschuldung - Die Zinslast tragen Sie.
- Indirekte Zinslasten (Kosten, welche durch Verzinsung von unverschuldetem Sachkapital entstehen) - Die Zinslast muss durch Sie beglichen werden.

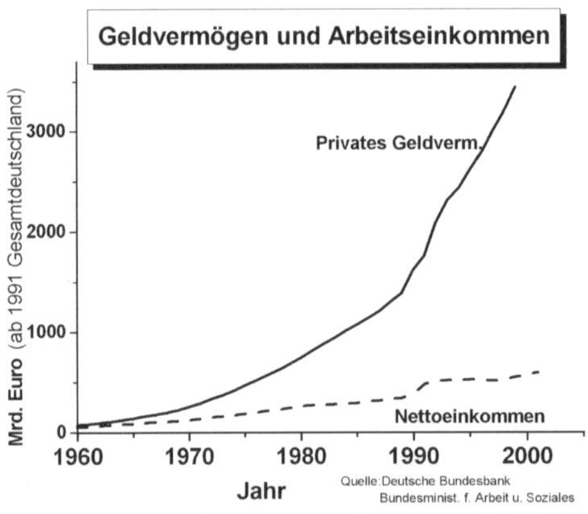

Abb. 9: Nettoeinkommen und private Geldvermögen

Die Gesamtverschuldung in Deutschland betrug schon im Jahr 2000 ganze 6090 Mrd. Euro.[45] Bei einem durchschnittlichen Zinssatz von 7 % fallen pro Jahr fast 430 Mrd. Euro Schuldzinsen an. 2001 betrugen diese ziemlich genau 380 Mrd. Euro. Ein beachtlicher Anteil davon wird allerdings nicht einfach umverteilt, sondern geht zu Recht an die Banken zur Deckung ihrer Kosten (2001 rd. 80 Mrd. Euro) bzw. neutralisiert sich gewissermaßen, wenn von der selben Stelle Zinsen gezahlt und kassiert werden. Bei den Banken ist das in erheblichem Maße der Fall. Dennoch gilt: Auch wenn Sie selbst nicht verschuldet sind, müssen Sie versteckte Zinslasten tragen. Zu den direkten Zinsen aus Verschuldung kommen noch indirekte Zinslasten, welche aus der Rendite für unverschuldetes Sachkapital resultieren. Beispielsweise wird ein Unternehmer, welcher sein Inventar mit Eigenkapital finanzierte, in seiner Kostenrechnung Zins einbeziehen. Wenn er z. B. 1 Mio. Euro investierte, würde er bei der Bank für eine langfristige Anlage bei 5 % Zins pro Jahr 50.000 Euro bekommen. Damit sein Unternehmen rentabel arbeitet, muss also mindestens jedes Jahr diese Verzinsung gesichert sein. Letztlich werden diese Kapitalkosten wieder in die Preise eingerechnet. Dabei nehmen die Zinslasten oftmals einen großen Stellenwert ein, insbesondere bei der Wohnungsmiete[46] Damit wird klar, dass Sie nur dann vom System profitieren, wenn Sie mehr Zinsen bekommen als direkt oder indirekt zahlen. Dabei verschärft sich das Ungleichgewicht mit zunehmender Zeit. Je mehr das Vermögen bei der Gewinnerschicht durch verzinste Anlagen wächst, umso größer werden bei der Verlierermehrheit die Zinslasten. Der Vermögenszuwachs einer kleinen Minderheit geht damit langfristig mit einem Vermögensabbau bei Ihnen einher. Eine immer weitere Vermögensverschiebung von der Masse der Bevölkerung zu wenigen Händen ist anzunehmen.

Für die Zukunft müssen Sie also auch Zeiten mit weniger Einkommen in der Lebensplanung einrechnen. Eine Studie des Sozialwissenschaftlers Prof. Dr. Erler kam zu dem Schluss, dass die Armut „nach oben hin in die Mittelschicht hinein ausfranst“. *Es müsse davon ausgegangen werden, dass sich etwa zwei Drittel der Bevölkerung mindestens einmal im Leben in einer sozialen Lage wiederfinde, die als arm bezeichnet werden könne.*[47] Für Sie als normalen Anleger ist es wichtig, nicht weiter zurückzufallen und vor allem Ihr vorhandenes Vermögen zu schützen. Jedoch besteht für Sie nicht nur die Gefahr des Vermögensverlustes, sondern auch Ihr laufendes Einkommen aus Arbeit oder Unternehmen ist in Gefahr.

„Unsichtbar wird die Dummheit, wenn sie genügend große Ausmaße angenommen hat.“ Bertold Brecht

Einkommensverlust durch Konjunkturverschlechterung

Wenig bekannt ist, dass der Zins entscheidend mit Konjunktur und somit Arbeitsmarkt und Unternehmenssituation zusammenhängt. Dabei verschärfen sich die Probleme ab einem bestimmten Zeitpunkt. Ihr Arbeitseinkommen ist deshalb in Zukunft ernsthaft in Gefahr. Die wirtschaftliche Unternehmenslage und die Arbeitslosigkeit ist hauptsächlich von der Konjunktur abhängig. Wenn der Zinssatz hoch ist, werden die Unternehmen zu Einsparungen gezwungen, um die Zinslasten für Fremdkapital tragen zu können. Einsparungen erfolgen vor allem durch Verkleinerung des Personalbestandes – die Erwerbslosenrate steigt. Daneben werden viele Betriebe durch hohe Zinsen zur Aufgabe gezwungen, weil die Kredite nicht mehr ausreichend bedient werden können. Eine steigende Insolvenzrate und Arbeitslosigkeit für Sie ist die Folge.

Bei sinkendem Zinssatz bleibt die Arbeitslosigkeit zunächst auf dem erreichten Niveau. Anhand der Entwicklung der Bankenzinserträge, welche zum Großteil von den Unternehmen gezahlt werden, und der Arbeitslosigkeit wird der Zusammenhang klar (Abb. 10). Deutlich wird, dass auch Sie von der Arbeitslosigkeit oder Unternehmenspleite bedroht werden. Ihr Einkommen wird gemindert werden, mit der Folge, dass Sie Ihr Vermögen aufbrauchen müssen, um den Lebensstandard zu halten. Schon im April 1998 war lediglich für 40 % der Bevölkerung die eigene Erwerbstätigkeit die entscheidende Einnahmequelle. 1991 traf das noch auf 45 % zu. Ursache ist das Abrutschen immer größerer Bevölkerungsteile in Arbeitslosigkeit und Sozialhilfe.[48]

Abb. 10: Bankzinserträge und Arbeitslosigkeit (in Anlehnung an H. Creutz)

Wie schnell die Anpassung an veränderte Marktverhältnisse vor sich geht, zeigt die Entwicklung der Arbeitslosigkeit, des Zinssatzes und des Wirtschaftswachstums. Ist das Wirtschaftswachstum hoch, kann auch eine hohe Zinslast damit ausgeglichen werden – die Effekte für Unternehmen und Arbeitnehmer werden klein bleiben. So konnte beispielsweise der hohe Zinssatz Anfang der neunziger Jahre durch verstärktes Wachstum im Zuge der deutschen Einigung ausgeglichen werden. Ist hingegen die Differenz zwischen Zins und Wachstum hoch, werden sich die Auswirkungen innerhalb kurzer Zeit durch einen Anstieg der Arbeitslosigkeit und der Unternehmensinsolvenzen zeigen (Abb. 11 und 12). Der Wirtschaftsauskunft Creditreform nach ist ein Drittel der Mittelstandsbetriebe pleitegefährdet. Hauptursache sei eine zu dünne Eigenkapitaldecke. Untersuchungen der Bundesbank hatten ergeben, dass schon von 1985 bis 1990 82 % der Konkursfälle eine Eigenkapitalquote von unter 10 % (Fremdkapitalquote über 90%) gehabt haben.[49]

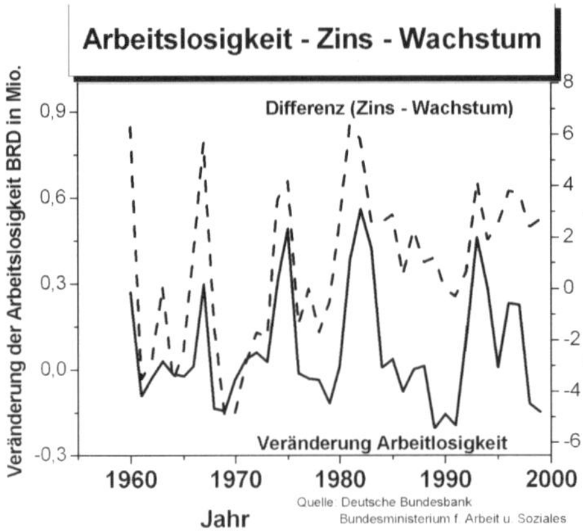

Abb. 11: Veränderung der Arbeitslosigkeit (West) bzgl. Zins/Wachstum

Im Jahr 1995 arbeiteten die Unternehmen im Durchschnitt mit 82 % Fremdkapital, für welches Zinslasten zu tragen sind. Besonders drastisch war der Fremdkapitalanteil im Druckerei- (91,5 %) und Baugewerbe (94 %) sowie im Einzelhandel (95 %).[50] In der mittelständischen Industrie, welche den Großteil der Arbeitsplätze stellt, beträt die Fremdkapitalquote im Schnitt schon 93 % - bei Kleinunternehmen sogar 97 bis 99 %.[51] Diese Branchen werden im Krisenfall als erste bankrott gehen. Unter dem Druck der Globalisierung wird zunehmend auch ein Zwang auf die Firmen ausgeübt, sich einer Bewertung (Rating) zu unterziehen. Dabei wird die Sicherheit des investierten Kapitals hinsichtlich der Erträge bewertet. Wenn die Bewertung nicht genügend positiv ausgeht, werden dem Betrieb von der Bank die Kredite gekündigt und er geht bankrott. Experten vermuten, dass allein aus diesem Grund ein Pleitewelle auf den Mittelstand zurollt.[52] Dabei wird deutlich, dass auch Ihr Einkommen als Unternehmer stark gefährdet ist.

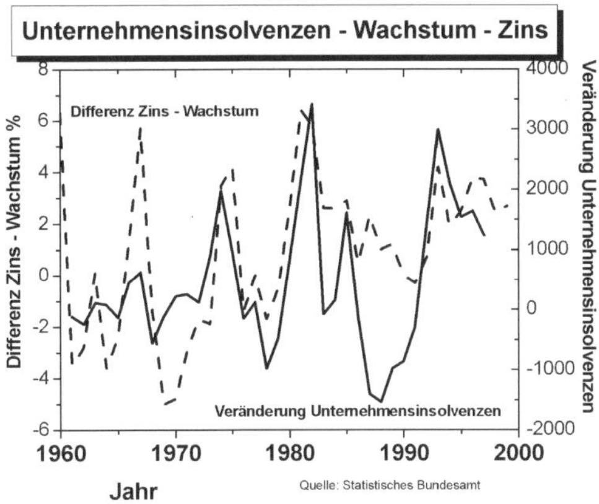

Abb. 12: Unternehmensinsolvenzen bzgl. Zins/Wachstum

Bei einer dauerhaften, drastischen Zinserhöhung müsste ein Großteil der mittelständischen Industrie den Bankrott erklären. Die größten Arbeitgeber in Deutschland würden massiv Beschäftigte auf die Straße setzen. Vor allem unterschätzen viele Unternehmer die Gefahr mangelnder Zahlungsbereitschaft der Kunden im Fall einer Krise. Schon Ende 1998 ignorierte jeder zweite der 2,6 Mio. überschuldeten Haushalte seine Rechnungen und Mahnungen. Durch Zahlungsverzögerungen bzw. -ausfälle und die nachfolgenden Firmeninsolvenzen entstand bereits 1998 ein volkswirtschaftlicher Schaden von 30 bis 36 Mrd. Euro.[53] In Krisenzeiten würde sich die Zahlungsmoral noch erheblich weiter verschlechtern. Die Gefahr eines Rückganges Ihrer Unternehmergewinne und eines Anstiegs der Arbeitslosigkeit kann aufgrund dieser Betrachtungen nicht hoch genug eingeschätzt werden. Unbedingt muss davor gewarnt werden, nur aufgrund des momentanen Einkommens die künftigen Vermögensverhältnisse planen zu wollen. So wurden bereits Mitte 1999 zunehmend Lohnkürzungen und „Nullrunden" für Arbeitnehmer diskutiert.[54] In immer mehr Wirtschaftsbereichen sollen Löhne gekürzt werden. So wurde beispielsweise bei den Banken diskutiert, die Tarifgehälter der Angestellten um bis zu 30 % durch Ausgliederung von Geschäftsbereichen zu kürzen.[55] Genauso hat die Siemens AG schon Anfang 1998 die Ausgliederung von 20.000 Beschäftigten geplant, um das Einkommen um 20 % zu kürzen und die Arbeitszeit um zwei Stunden pro Woche zu erhöhen.[56] Auch unter normalen Umständen ist Ihr Arbeitsplatz zunehmend in Gefahr. Der Unilever-Konzern erklärte beispielsweise im Februar 2000, dass 10 % der Arbeitsplätze (25.000) gestrichen werden, um weiter unter dem Globalisierungsdruck bestehen zu können und um die Superdividende des Vorjahres von 7 Mrd. Euro finanzieren zu können.[57] Ihre Arbeitskraft wird in diesem Umfeld immer uninteressanter, während der Faktor Kapital aufgewertet wird. Da auch die Leistungen für Sie als Arbeitsloser in Zukunft weiter abgebaut werden sollen, müssen Sie über ausreichende finanzielle Rücklagen verfügen.

„Es ist schwieriger, eine vorgefasste Meinung zu zertrümmern als ein Atom."
Albert Einstein

Gefahren durch Deflation und Wirtschaftskrise

Jedes Zinssystem endet früher oder später in Deflation und Wirtschaftskrise, was den schnellsten Umverteilungsprozess im Kapi-

talsystem darstellt. Viele unvorbereitete Anleger werden auf diese Weise wieder ihr Vermögen verlieren.
Hier liegt eine der größten Gefahren für Ihr privates Vermögen. Der Investmentbanker Marc Faber legte anhand einer einfachen Rechnung dar, warum jedes wachsende Vermögen früher oder später in einer Wirtschaftskrise entwertet werden wird: Hätte jemand im Jahre 1000 nur einen Dollar mit 5 % Zins angelegt, so wäre daraus durch Zinseszins bis heute ein Vermögen von 1546 Quintillionen (eine 1 plus 30 Nullen) geworden. Allein die jährlichen Zinserträge würden mit 93 Quintillionen Dollar die weltweite Wertschöpfung um das Viermillionenfache übertreffen. Eine Wirtschaftskrise sei deshalb auch bei kleinen Zinssätzen die zwangsläufige Folge.[58] Das Eigenartige ist, dass die meisten Anleger diesen Effekt nicht durchschauen. Im Gegenteil: Je höher die Zinsversprechen sind, umso unkritischer wird das Geld investiert. So kam es Mitte 2000 in Rumänien zum Bankrott des landesweit größten Investmentfonds, bei dem 300.000 Rumänen ihr Vermögen verloren. Der Fonds versprach zeitweise Renditen von bis zu 200 %.[59] Auch bei uns fallen vielen Anleger auf betrügerische Schneeballsysteme herein. Die wenigsten erkennen jedoch, dass auch jedes auf Zins basierende System ein Schneeballsystem darstellt. Das System, welches 200 % Rendite verspricht ist dabei schon nach wenigen Jahren am Ende, weil die Zinsauszahlungen größer geworden sind als die Einzahlungen durch neue Anleger. Unser Finanzsystem, welches mit einigen Prozent Rendite arbeitet, zerfällt entsprechend langsamer, weshalb der Zusammenbruch zwei Generationen dauert. Deshalb durchschauen die meisten Anleger nicht den tieferen Mechanismus und erkennen keinesfalls, dass Wirtschaftskrisen allein aus diesen einfachen Überlegungen heraus zwingend wieder vorkommen müssen. Diese Wirtschaftskrisen verlaufen dabei im Allgemeinen als Deflationen. Deflation bedeutet einen Rückzug des Geldes aus der Wirtschaft mangels ausreichender Rendite oder zunehmender Unsicherheiten im Wirtschaftsablauf. Es lohnt sich dabei für den Geldverleiher, seine Investitionen mehr und mehr einzustellen. Durch den Mangel an Nachfrage fallen die Preise, und die Wirt-

schaftsleistung wird stark abgeschwächt. Die Ursache der zwangsläufig entstehenden Deflation besteht in der Konstruktion unseres Geldwesens. Weil kein anderes Umlaufsicherungsmittel vorhanden ist, wird Geld nur dann weiterverliehen, wenn das Zinsniveau genügend hoch ist. Der Zinssatz resultiert aus Angebot und Nachfrage nach Kapital. Das heißt, werden viele Kredite aufgenommen, steigen die Zinsen. Lässt hingegen die Kreditnachfrage nach, sinken sie. In einer freien Wirtschaft tendieren jedoch die Zinsen langfristig immer gegen 0 %, weil durch zunehmende Produktion und Wohlstand der Markt gesättigt, damit die Investitionsquote gesenkt und die Kreditnachfrage kleiner wird. Zahlen der Deutschen Bundesbank belegen, dass die rechnerische Kapitalproduktivität seit 1991 um 1,3 % pro Jahr gesunken ist.[60] Gleichzeitig sinken die Gewinne der Unternehmen aufgrund der hohen Verschuldung immer stärker. So blieb den im DAX vertretenen Firmen allein in den ersten Monaten des Jahres 2001 nur noch 2,5 % des Umsatzes als Nettogewinn, während es früher 4,6 % waren. Dabei wiesen die 40 am höchsten verschuldeten Aktiengesellschaften weltweit schon eine höhere Verschuldung auf als das Bruttosozialprodukt von Schweden.[61] *Auch ein kräftiges Wirtschaftswachstum ist inzwischen nicht mehr in der Lage, die finanzielle Situation in den Betrieben wesentlich zu verbessern.* Dies wird auch daran deutlich, dass die 500 größten Unternehmen in Deutschland ihren Umsatz schon im Jahr 1999 um ganze 9,5 %, die größten 100 Betriebe sogar um 13,8 % steigern konnten. Trotz dieses deutlichen Umsatzzuwachses ging der Gewinn pro Unternehmen im Schnitt um fast 9 Mio. Euro zurück.[62] Die Kapitalkosten sind inzwischen so hoch, dass auch ein starkes Wachstum die explodierenden Kosten nicht auszugleichen vermag.

Sobald jedoch ein Mindestzinssatz unterschritten wird, zieht sich das Kapital vom Markt zurück, weil kein ausreichender Anreiz für den Geldbesitzer mehr besteht, das Geld zu verleihen. Damit wird der Geldkreislauf unterbrochen, und es entsteht eine Deflation. Im Zinssystem ist es nur eine Frage der Zeit, bis dieser Effekt zum Tragen kommt.

Das Wirtschaftswachstum entwickelt sich seit Begründung der D-Mark näherungsweise linear, also mit relativ gleichen jährlichen Zuwachsbeträgen. Das Kapitalsystem und damit die Zinslast wächst jedoch in etwa exponentiell, also mit steigender Geschwindigkeit (Modellrechnung Abb. 13). Anfangs ist der Zuwachs durch das Wirtschaftswachstum sogar noch höher als das Wachstum der Zinsforderungen durch das Geldsystem. Mit zunehmender Zeit wächst jedoch der Zinsanteil an der Wertschöpfung immer weiter und wird letztlich zum bestimmenden Faktor. Immer größere Anteile der produktiven Volkswirtschaft müssen die Kapitalrendite sicherstellen. Die rentablen Investitionsmöglichkeiten nehmen ab, was zu fallenden Zinssätzen führt.

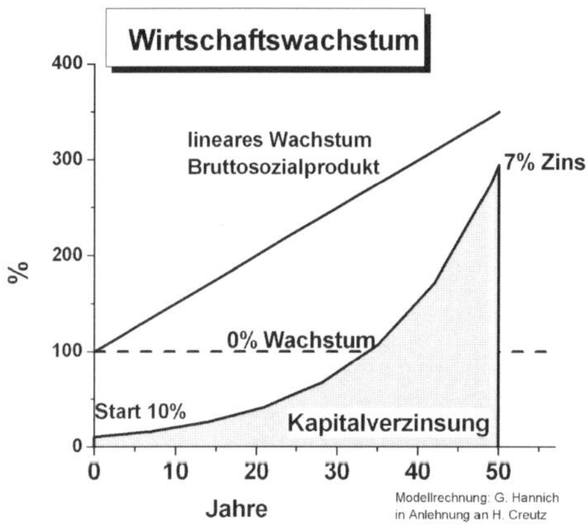

Abb. 13: Modellrechnung Entwicklung reale Wirtschaft und Kapitalanteil

Fallende Zinssätze führen zum Rückzug des Geldes aus dem Wirtschaftskreislauf, was fallende Preise, also eine Deflation bedeutet. Jedes Zinssystem endet daher früher oder später in der Deflation. Deflation bedeutet, dass sich die nachfragende Geldmenge zum Angebot verkleinert. Dies führt zu einem Preisverfall von Waren und Löhnen, die Geldbesitzer gewinnen mit zunehmender Zeit einen immer größeren Einfluss, weil ihr Kapital an Kaufkraft gewinnt. Eine Deflation verstärkt sich daher von selbst, sobald sie einmal zum Wirken gekommen ist: Durch den Preisverfall bricht der Konsum ein, da jeder mit Käufen wartet, bis alles noch billiger wird. Zunehmend kommen die Unternehmen in Schwierigkeiten, weil die Produkte immer schwerer abgesetzt werden können. Der Konkurrenzkampf um Marktanteile steigert sich und endet im ruinösen Wettbewerb, in dem jeder versucht, den Mitbewerber durch immer niedrigere Preise zu verdrängen. Der Druck auf die Unternehmen führt dazu, dass zunehmend Betriebe schließen müssen. Damit steigt die Arbeitslosigkeit, und die noch Beschäftigten müssen schmerzliche Lohnkürzungen hinnehmen. Dadurch nimmt die Kaufkraft der Bevölkerung weiter ab, was den Absatz der Unternehmen erneut einbrechen lässt. Im weiteren Verlauf wird ein immer größerer Anteil der Bevölkerung mittellos. So entsteht eine *deflationäre Abwärtsspirale* aus niedrigen Preisen, abnehmendem Konsum und weiterem Preisverfall. Besonders wenn Sie sich vor der Deflation verschuldet haben, kommen Sie in eine ausweglose Situation: Durch Arbeitslosigkeit oder gesunkene Löhne sind Sie nicht mehr in der Lage, die Schuldzinsen zu tragen. Gleichzeitig verlieren Ihre für die Schulden verpfändeten Güter (Grundstücke, Immobilien, Wertgegenstände usw.) an Wert. Die Banken versuchen, durch Zwangsversteigerungen der vergebenen Kreditsicherheit wenigstens einen Teil der Schulden abzudecken. Die zunehmenden Zwangsversteigerungen von Häusern und Eigentumswohnungen führen wiederum zu höherem Druck auf die Preise und ziehen eine weitere Liquidierung von Krediten nach sich. Sie bleiben mittellos und noch immer mit Schulden beladen zurück. Auch die Banken kommen in zunehmende Bedrängnis, weil ein wachsender Anteil der Kredite durch Bankrott der Schuldner nicht mehr einbringbar ist. Es kommt zu Bankpleiten, wodurch Sie Ihr Erspartes verlieren.

„Wer einen Fehler gemacht hat und ihn nicht korrigiert begeht einen zweiten." Konfuzius

Verluste durch Währungskrisen und den Euro

Währungskrisen sind auf Fehler im Kapitalsystem zurückzuführen. Durch festgelegte Wechselkurse zwischen sich unterschiedlich entwickelnden Ländern werden Spannungen aufgebaut, welche sich letztlich in plötzlichen Wechselkursänderungen niederschlagen. Insbesondere die Einführung des Euros stellt hier eine reale Bedrohung für die Sicherheit Ihres Geldvermögens dar. Als Mitte 1997 die Asienkrise mit der Abwertung der thailändischen Währung begann, wurden die Geschehnisse offiziell auf die falsche und überzogene Wirtschaftsentwicklung in den aufstrebenden Märkten geschoben. Grundsätzlich sei das System in Ordnung, wurde erklärt. Die Probleme weiteten sich jedoch aus, und der japanische Vize-Finanzminister Sakakibara warnte bereits Anfang 1999 vor einem Zusammenbruch des internationalen Finanzsystems mit der Folge von Wirtschaftskrisen und Kriegen. Er wies darauf hin, dass einzelne regionale Finanzprobleme in einem Zusammenbruch der Weltfinanzordnung gipfeln könnten.[63]
Für den Anleger wäre damit eine zu beachtende Gefahr gegeben, die es ratsam erscheinen lässt, die Ursachen aufzuklären. Um die Hintergründe der Vorgänge klären zu können, ist es zunächst sinnvoll, den Ablauf der Krisen zu betrachten und entsprechende Parallelen zu ziehen, um die weitere Entwicklung vorhersagen zu können. Am Anfang stellt sich die Frage, was Wechselkurse sind und wie sie beeinflusst werden.

Funktion von Wechselkursen
Wechselkurse entstehen dann, wenn verschiedene Länder ihre eigene Währung verwenden. Will ein Bewohner des einen Landes in das andere reisen, wird er seine Währung in die des Reiselandes eintauschen, wechseln. Je nachdem wie groß die Nachfrage der Währung eines Landes im Ausland ist, steigt oder fällt der Wechselkurs – wenn er flexibel ist, also durch Angebot und Nachfrage bestimmt wird. Ein fester Wechselkurs hingegen bedeutet das Ignorieren der sich ändernden Marktverhältnisse. Durch Kauf oder Verkauf der fremden oder eigenen Währung

durch die Zentralbank wird der Austauschkurs künstlich auf einem festen Niveau gehalten. Flexible Wechselkurse entstehen also ausschließlich nach Angebot und Nachfrage einer Währung. Es stellte sich nun heraus, dass gerade feste Austauschkurse langfristig zu Währungskrisen führen müssen.

Feste Wechselkurse als Ursache

Auffällig ist, dass die Währungen der betroffenen Länder in den letzten Währungskrisen jeweils fest an den US-Dollar gebunden waren, wobei der Wechselkurs bei Beginn der Krise schlagartig freigegeben werden musste. Durch die Festlegung des Wechselkurses erhofften sich die Länder ein inflationsfreies Wachstum. Das Vorgehen war jedoch von vornherein zum Scheitern verurteilt: Die Wirtschaft der aufstrebenden Länder entwickelte sich nicht im gleichen Tempo wie in den USA. Normalerweise würde ein freier Wechselkurs die Spannungen durch eine Abwertung ausgleichen. Die festgelegten Austauschkurse machten dies jedoch unmöglich, weshalb die Spannungen anwuchsen. Fatalerweise wurde durch feste Wechselkurse auch die Auslandsverschuldung ausgeweitet, weil Kredite im Ausland billiger zu bekommen waren als auf dem inländischen Kreditmarkt. Schuldner wie Gläubiger waren sorglos und vertrauten darauf, die Verbindlichkeiten zu einem festen Wechselkurs zurückzahlen zu können. Nach mehreren Jahren ließen sich die Spannungen auf den Wechselkurs nicht mehr vertuschen, zunehmende Gerüchte untergruben das Vertrauen der Anleger, das Kapital wurde panikartig aus den Ländern abgezogen – die Wechselkurse konnten nicht mehr gehalten werden. Die hohe Auslandsverschuldung musste nun zu einem wesentlich ungünstigeren Kurs beglichen werden. Die Staaten konnten diese Lasten nicht mehr tragen und stellten die Zahlungen ein. Durch ausbleibende Investitionen und wachsende Verpflichtungen musste die Armut dramatisch anwachsen. Die ausländischen Anleger hatten erhebliche Verluste zu verbuchen. Auch der Präsident der Landeszentralbank Nordrhein-Westfalen, Prof. Jochimsen, erklärte, dass die Währungskrisen in Asien, Russland und Brasilien zum größten Teil auf rigide Wechselkurs-

anpassung zurückzuführen waren. Durch feste Wechselkurse hätte sich Anpassungsdruck aufgestaut, welcher sich schließlich ruckartig entlud.[64]
Die Währungskrisen im Jahr 2001 in der Türkei wie auch Argentinien bestätigten aufs Neue, dass festgelegte Wechselkurse zwangsläufig in der Krise enden. Noch schlimmer sieht es beim Euro aus: Hier wurden völlig unterschiedliche Staaten unter einen Währungshut gesteckt und jeder Ausgleich über Wechselkurspuffer ausgeschlossen – eine Krise ist dabei nur eine Frage der Zeit.

Der Euro – große Gefahr für die Stabilität
Die Bedrohung Ihres Vermögens durch den Euro besteht in erster Linie im Fehlen von Wechselkurspuffern. Wie wir gesehen haben, wurden die Währungskrisen durch feste Wechselkurse zwischen Ländern unterschiedlicher Wirtschaftsleistung ausgelöst. Doch auch die wirtschaftliche Entwicklung der Volkswirtschaften in Europa unterscheidet sich gravierend. Deutlich wird dies anhand der nominalen Lohnstückkosten, also ohne Berücksichtigung des Wechselkurses (Abb. 14). In Europa verläuft die Entwicklung der meisten Volkswirtschaften ungleich. Während Deutschland sehr stabile Lohnstückkosten aufweist, ist für die ärmeren Südstaaten ein starker und für die Nachbarnationen Frankreich oder auch Großbritannien ein deutlicher Anstieg zu verzeichnen. Trotz mehrjähriger Harmonisierung vor der Einführung des Euros konnten die strukturellen Unterschiede in Europa nicht beseitigt werden. Das HWWA-Institut in Hamburg stellte bereits fest, dass es in den letzten Jahren zu keiner Annäherung der Mitgliedsstaaten der EU gekommen sei. Die Unterschiede in der Preisentwicklung seien sogar eher größer geworden. Die Differenzen seien auf erhebliche realwirtschaftliche Divergenzen in den Euroländern zurückzuführen.[65]

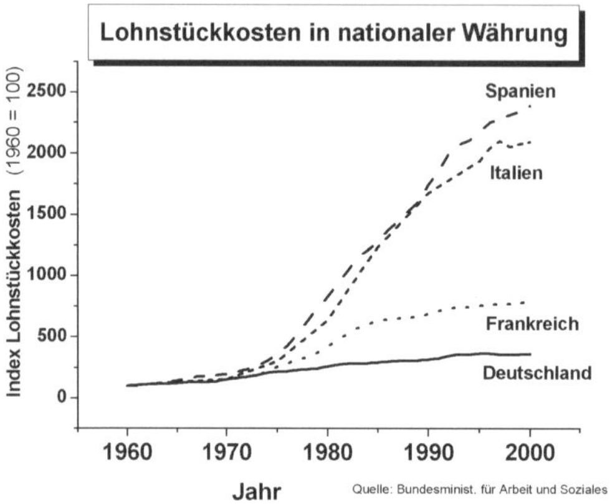

Abb. 14: Nominale Lohnstückkosten in Inlandswährung

Durch flexible Wechselkurse wäre es jedoch möglich, Produktivitätsunterschiede auszugleichen. Ein Land, in welchem die Löhne stärker steigen als die Produktivität, wird für ausländische Investoren uninteressanter, weil für die gleiche produzierte Gütermenge mehr Löhne bezahlt werden müssen. Weil weniger investiert wird, sinkt die Attraktivität der einheimischen Währung – der Wechselkurs geht nach unten. Durch eine schwächere Währung steigt jedoch die Bedeutung der Exporte, weil für das Ausland die Produkte billiger werden. Durch vermehrte Ausfuhren nimmt wieder die Attraktivität der einheimischen Währung zu, bis das Gleichgewicht wieder hergestellt worden ist. So konnte beispielsweise Italien vor der Euroeinführung durch Abwertung der Währung seinen Exportvorteil auf dem Weltmarkt verbessern und damit Ungleichgewichte in der Produktivität zu den Nachbarstaaten ausgleichen. Wenn nun durch die Euroeinführung die Währungen abgeschafft werden, wird dieser Ausgleichsmechanismus beseitigt. Investoren legen nun in dem Land ihr Geld an, in welchem die Lohnstückkosten sich am stabilsten entwickeln, das heißt, wo die Produktivität am höchsten ist. Das Geld wird damit aus den ärmeren Staaten abgezogen, um in den reicheren angelegt zu werden. Es kommt zu einer Kapitalflucht aus dem weniger produktiven Staat. Italien hatte deshalb bereits im Juni 1999 erklärt, langfristig ein Verlassen der Eurozone in Kauf zu nehmen,

sollte die Wettbewerbsfähigkeit des Landes weiter unter der Einheitswährung leiden.[66] Auch am Beispiel Spanien wird deutlich, wie schon in der Einführungsphase des Euros Instabilitäten entstehen: Dies zeigt sich am schnell wachsenden Leistungsbilanzdefizit, welches sich von 1,3 Mrd. Euro im Jahr 1998 auf über 11,6 Mrd. Euro 1999 fast verzehnfachte und damit die Auslandsverschuldung des Landes entsprechend ausweitete.[67]
Durch diese wachsenden Spannungen kommt die Nationalbank unter Druck. Schon beim Vorläufer des Euros, dem ECU, mussten die Kurse durchschnittlich jährlich neu angepasst werden, weil die Staaten sich wirtschaftlich auseinanderentwickelten. Das Mitglied im Direktorium der Europäischen Zentralbank, Otmar Issing, nannte allgemein Wechselkurs-Bandbreiten sogar eine Einladung an Spekulanten. George Soros konnte 1992 gegen das englische Pfund spekulieren und in 14 Tagen mit 10 Mrd. Dollar Einsatz rund eine Milliarde Dollar verdienen, weil die Notenbanken die Kurse stützen mussten. Bei flexiblen Wechselkursen könnten sich die Spekulanten jedoch nie sicher sein, ob es nicht zu Gegenbewegungen käme.[68] Leider zog Issing nicht den logischen Schluss, dass damit der Euro ökonomisch nicht vertretbar ist. Bereits ein halbes Jahr nach der Begründung des Euros als Buchgeldwährung wurde laut der Londoner Times den EU-Finanzministern eine vertrauliche Studie vorgelegt, wonach das Europrojekt in Gefahr geriet. Die steigenden Haushaltsdefizite könnten zu einer „tödlichen Bedrohung" für die Einheitswährung werden.[69] Durch die Einführung von Eurobargeld ist nun nicht einmal mehr der Rückgang auf die herkömmlichen Währungen oder die Freigabe der Wechselkurse möglich. Für Sie werden damit viele Ausweichmöglichkeiten versperrt.

Schlussfolgerung

Wie wir gesehen haben, ist in unserem Finanzsystem eine Reihe von Fehlentwicklungen zu finden, welche eine Bedrohung für Ihr Vermögen und Einkommen darstellen. Dabei bewirkt der Zinseszinsmechanismus heute eine explodierende Verschuldung, weil schnell wachsende Geldvermögen durch Zinsgewinne steigende Verpflichtungen mit Zinslasten auf der anderen Seite bedeuten. Deshalb können die Schulden wohl nie zurückgezahlt werden, ohne dass gleichzeitig Geldvermögen im gleichen Ausmaß vernichtet wird. Eine Schuldenkrise ist deshalb nur eine Frage der Zeit. Gleichzeitig schmälert die wachsende Verschuldung Ihr Einkommen durch Kürzungen, Sozialabbau sowie steigende Steuern und Abgaben, weil der Staat keine andere Möglichkeit mehr hat, anders seinen Zins- und Tilgungsverpflichtungen nachzukommen. Ihre Chance, überhaupt Vermögen zu bilden, wird mit zunehmender Zeit geringer, weil Sie für die wachsenden Verpflichtungen des Staates, der Unternehmen oder Ihrer eigenen Kredite immer höhere Zinslasten tragen müssen. Es kommt zu einer Umverteilung von der breiten Bevölkerung, welche die Zinsen zu zahlen hat, zu wenigen reichen Geldverleihern, welche durch Zins ihr Vermögen steigern. Die wachsenden Zinslasten setzten die Wirtschaft unter Druck. Durch Arbeitslosigkeit oder Bankrott Ihres Unternehmens ist damit Ihr Arbeitseinkommen direkt gefährdet. In diesem Umfeld kommt es letztlich zu einem kompletten Zerfall des Systems in einer Deflation und Wirtschaftskrise. Dabei besteht für Sie die Gefahr, Ihr sicher geglaubtes Vermögen mit einem Schlag zu verlieren. Des weiteren wurden große wirtschaftliche Verflechtungen zwischen den Staaten aufgebaut, welche man mit festen Wechselkursen oder Einheitswährungen, wie dem Euro, sichern will. Dadurch entwickeln sich Währungskrisen, welche für Sie wieder die Gefahr des Vermögensverlustes beinhalten.

„Krisen sind nicht nur negativ zu sehen, sie haben auch ihr Gutes. Es scheint so, als sei die Menschheit im Wesentlichen nur in der Lage, sich in ihrem Verhalten umzustellen und ihr institutionelles Gefüge zu ändern, wenn Krisen mit ihren negativen Folgen das erzwingen. `Learning by suffering', Lernen durch Leiden scheint noch die wirksamste Lernmethode zu sein."
Prof. Dr. Hesse, Landeszentralbankpräsident von Bremen, Niedersachsen, Sachsen-Anhalt[70]

Welche Entwicklung ist zu erwarten?

Neben der an die Wurzel gehenden Analyse unseres Geldsystems sollten Sie sich darüber im Klaren sein, welche Folgen aus den Fehlstrukturen zwangsläufig entstehen müssen. Hier hilft es wenig, sich mit dem Glauben trösten zu wollen, dass „schon nichts passieren" werde, oder dass „es doch bisher gut gegangen" sei. Nur die vorurteilsfreie, logische Betrachtung der Realität kann zum Erfolg führen. Daraus können mehrere Szenarien entworfen werden, auf welche Sie sich durch geeignete Anlagen einstellen können. Vor der Entwicklung von Szenarien über die kommende Entwicklung ist es interessant, sich den Verlauf der letzten Wirtschaftskrise zu betrachten um daraus Schlussfolgerungen zu ziehen.

Die Weltwirtschaftskrise 1929 - 1939

Die wenigsten wissen, dass sich die Abläufe etwa alle zwei Generationen wiederholten. So gab es um 1870 einen rasanten Börsenaufschwung, welcher im Crash von 1873 endete und die damals größte Wirtschaftskrise bewirkte. Keine 60 Jahre später fasste die Bevölkerung wieder Vertrauen in den Kapitalmarkt und verlor erneut alles. Die Menschheit lernt scheinbar nichts aus der Geschichte. Für uns lassen sich allerdings vor allem aus der letzten Krise wertvolle Erkenntnisse ziehen. Die große Depression der 30er Jahre ist eines der besten Beispiele dafür, wie schnell sich eine massive Krise entwickeln kann. Dabei sind sich die wenigsten Menschen darüber im Klaren, dass eine Wirtschaftskrise das gewohnte Leben einschneidend beeinträchtigen kann.

Vom Börsencrash zur Weltwirtschaftskrise

Der Börsencrash 1929: In der Tat zeigen sich deutliche Parallelen in der Entwicklung des Finanzmarktes damals vor dem Crash, verglichen mit heute. Von 1912 bis 1920 stieg beispielsweise das amerikanische Volksvermögen von 188 auf 375 Milliarden Dollar. Trotz einer Bevölkerungszunahme nahm damit das Volksvermögen pro Kopf damit von 2000 auf 3600 Dollar zu. Allerdings war dieser Vermögenszuwachs zu einem guten Teil von der Entwicklung an den Börsen abhängig. Die Bevölkerung glaubte damals tatsächlich an einen ewigen Wohlstand. Die Börsenkurse begannen ab 1924 zu steigen, und im Jahre 1927 erreichte die Spekulation ein deutliches Ausmaß. Weil die Kurse scheinbar unaufhörlich kletterten, erfasste das Spekulationsfieber weite Bevölkerungsteile. Dabei unterstützte die Federal Reserve Bank 1927 die Spekulation sogar noch durch eine Absenkung des Diskontsatzes von 4 auf 3,5 %. Auch die Politik versuchte alles, um Warnungen vor einem Crash zu zerstreuen. Im Januar 1928 erklärte der Präsident sogar, es bestehe kein Anlass zur Sorge, da die Börsenkredite nicht zu hoch seien. Vorausschauende Experten sprachen schon von einer beginnenden Deflation, jedoch wurden die Warnungen nicht ernstgenommen. Die Lage verschärfte sich latent weiter, und im März 1928 erreichten die Aktienkurse neue Höchststände. Der Zuwachs wurde mit der Verbreitung von Radioapparaten und Autos begründet. Durch den Aktienanstieg dieser Unternehmen wurde der Boom an der Börse eingeleitet. Auch am gesteigerten Börsenvolumen war die Entwicklung erkennbar: Mitte März 1928 wurden bereits 3,87 Mio. Aktien gehandelt. Rückschläge ignorierten die Anleger einfach, und in den Nachrichten erschienen Börsenmeldungen an erster Stelle. Mehrere Male musste 1928 die Börse sogar geschlossen werden, um den Angestellten die Bearbeitung der Aufgaben zu ermöglichen. Zunehmend wurde der Aktienkauf mit Krediten finanziert. Doch weiterhin war eine Verharmlosung der Entwicklung von offizieller Seite zu vernehmen. Herbert Hoover erklärte beispielsweise in seiner Rede zur Nominierung als republikanischer Kandidat, dass Amerika kurz vor dem endgültigen Sieg über die Armut stehe – das Armenhaus werde verschwinden. Im November 1928 folgte ein weiterer Kursanstieg, der noch deutlicher wie zuvor zu einer Steigerung des Aktienvolumens führte. Dies zeigte sich daran, dass bereits über 5 Mio. Aktien an einem Tag gehandelt wurden. Die Börsenkredite explodierten, und die Zinssätze der Banken bewegten sich um 9 %. Ein Einbruch Anfang Dezember 1928 konnte den Hoffnungen auf eine weitere steigende Entwicklung keinen Abbruch tun. Inzwischen versuchte die Federal Reserve Bank, die Kreditausweitung für Aktienkäufe zu beschränken, indem langfristige Kredite hierfür gesperrt wurden. Die Anleger stiegen deshalb auf die noch riskantere kurzfristige Verschuldung um, wobei die Zinssätze schnell von 12 auf 20 % stiegen. Nach einer kurzen Periode der Stagnation begann im Juni 1929 erneut ein Anstieg der Kurse. Wie heute, so glaubten die Amerikaner damals, dass es nur darauf ankomme, bei Kursverlusten nicht zu verkaufen, da der Rückgang schnell wieder aufgeholt werde. Von offizieller Seite wurde die Spekulation immer weiter angeheizt: Der Finanzmann J. Raskob schrieb beispielsweise einen Artikel unter der Überschrift „Jeder kann reich werden". Jeder müsse nur 50 Dollar im Monat an der Börse anlegen und könnte innerhalb 20 Jahren damit ein Vermögen von 80.000 Dollar aufbauen und daraus ein monatliches Einkommen von 400 Dollar erzielen. Anfang September 1929 gaben die Aktien nach, doch eine Erholung im Oktober 1929 beruhigte die Anleger wieder. Fatalerweise erreichten die Maklerkredite inzwischen den Rekordstand von 6,8 Mrd. Dollar. Zunehmend widersprachen sich die Experten bezüglich der weiteren Wirtschaftsentwicklung. Ängste wurden jedoch weiterhin beruhigt. So hielt zum Beispiel Professor Irving Fisher noch am 17. Oktober 1929 eine Ansprache, in der er betonte, dass in wenigen Monaten der Aktienmarkt eine noch bessere Anlage, höher als heute sein werde. Es gab keine Erholung mehr, und am 22. Oktober begannen die Kurse ohne erkennbaren Grund plötzlich zu fallen. Am nächsten Tag setzte sich das sinkende Niveau weiter fort, und es wurden über 6 Mio. Aktien verkauft, bei denen es sich um Zwangsverkäufe der auf Kredit gekauften Aktien handelte. Von Expertenseite wurde jedoch weiter beruhigt. Der Teilhaber des Bankhauses Morgan, Thomas W. Lamont, meinte beispielsweise, dass es sich nur um eine technische Korrektur und keineswegs um eine tiefgreifende Ursache handle. Innerhalb des Handelstages brachen die Kurse massiv ein, und am darauffolgenden Montag setzte ein weiterer Sturz ein, der sich am Dienstag, dem 29. Oktober 1929 massiv fortsetzte. An diesem Tag hatte die Weltwirtschaftskrise begonnen, und die Börsenkurse verloren innerhalb weniger Jahre über 90 % (Abb. 15). Deshalb brach die Kaufkraft der Bevölkerung ein, und Unternehmens- und Bankpleiten vernichteten das Vermögen der Sparer.

Deutschland: Für das Deutsche Reich waren vor allem zwei Faktoren für die Ausweitung des Zusammenbruchs entscheidend: Goldstandard und Verschuldung.

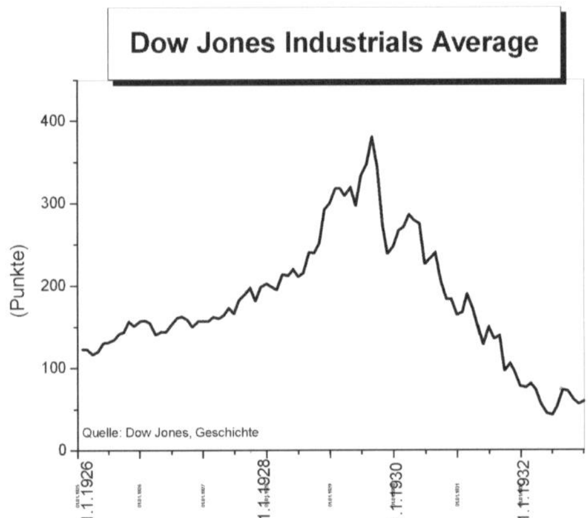

Abb. 15: Dow Jones Aktienindex, Börse USA vor und nach dem Börsencrash 1929

Über den Goldstandard war Deutschland an das Weltwährungssystem gebunden und wurde dabei schnell von der Krise erfasst. Zusätzlich war nach dem Ersten Weltkrieg eine massive Verschuldung in den USA aufgebaut worden. Dabei nahmen die Banken kurzfristige Kredite in Amerika, um das Geld langfristig zu verleihen. Wenn der Rückzahlungstag kam, wurden neue kurzfristige Kredite genommen. Ab 1927 kam es zu ersten Krisenerscheinungen. Der Zahlungsmittelumlauf ging stetig zurück, es kam zu Konkursen und wachsender Arbeitslosigkeit. Im Jahr 1930 erreichte die ausländische Verschuldung mit 22 Mrd. Mark einen Höhepunkt. Davon war die Hälfte kurzfristige Schulden. In der Krise wurden die Kredite zunehmend zurückgezogen, und deutsches Währungsgold floss nach Amerika. Der Zusammenbruch der Österreichischen Kreditanstalt am 11. Mai 1931 verursachte eine weltweite Angst um Kapitalanlagen in Deutschland. Die Folge war eine Kapitalflucht und innerhalb weniger Wochen büßte die Reichsbank Gold und Devisen im Wert von 2 Milliarden Reichsmark ein. Ab Juli 1931 zog sich das Geldkapital vom Markt massiv zurück, da ausländische und deutsche Kunden ihr Geld von den Bankkonten abhoben. Besonders betroffen davon war die Darmstädter- und Nationalbank. Das Kapital der Bank setzte sich aus 2,18 Mrd. Auslands- und nur 120 Mio. Inlandsverschuldung zusammen. Am 13. Juli 1931 stellte die Bank deshalb alle Zahlungen ein. Gleichzeitig übernahm die Regierung die Garantie für die Bank und ordnete für alle Kreditinstitute Bankfeiertage an, was schnell auch für andere Banken galt.

Grund für die Ausbreitung der Krise: Der Zusammenbruch bewirkte eine Rückkehr zum Bargeld. Amerika versuchte, massiv Geld aus allen Ländern abzuziehen, weshalb es zu einer Ausbreitung der Krise über die ganze Welt kam. Die tiefere Ursache für die schnelle Verbreitung der Krise lag jedoch in der Golddeckung des Geldes. Mit dem Goldindex waren alle Währungen weltweit vom Goldpreis abhängig. Es kam hinzu, dass dieser Preis falsch angesetzt war. Obwohl der Preisindex seit dem Ersten Weltkrieg durchschnittlich um 50 % gestiegen war, wurden die Goldstandards aufgrund der alten Preisindizes festgelegt. Bezüglich des Goldstandards waren damit die Preise um etwa 40 % überbewertet. Damit war der Goldpreis zu niedrig festgesetzt, und die Gold-

produktion wurde unrentabel. Das Angebot an dem Edelmetall sank, und die Golddeckung ging stetig zurück, obwohl die wachsende Wirtschaft eine Ausweitung des Geldumlaufs benötigt hätte. Das Auftreten der ersten Spannungen hatte ein Zurückziehen des Goldes zur Folge, und die Notenbanken mussten umlaufendes Geld einziehen, um den Goldstandard aufrechtzuerhalten. Die Preise verfielen. Gleichzeitig wurde die Entwicklung durch eine Korrektur der Warenpreise zum Gold weiter angeheizt. Ein nochmaliger Verfall der Warenpreise um 40 % war die Folge.[71]
Der Ablauf zur Krise ähnelt sehr unserer heutigen Situation. So wurde um die Jahrhundertwende behauptet, dass wir uns in einer neuen Wirtschaftsform befänden, in welcher alte Regeln nicht mehr gelten. Was damals die technische Entwicklung von Autos und Radios war, stellte nun das Internet dar. Mit neuen Technologien wurden die explodierenden Kurse gerechtfertigt. Wie damals, so war auch heute eine scheinbare Steigerung des Wohlstands zu verzeichnen, da die gestiegenen Aktienkurse den Bürgern das Gefühl vermittelten, tatsächlich reicher geworden zu sein. Auch offiziell wurden sowohl von der Wirtschaft als auch von der Politik Nachrichten verbreitet, welche den Boom noch weiter anheizten. Die Notenbanken taten ein Übriges, indem durch Zinssenkungen (wie 1998) nochmals der Aktienkauf angekurbelt wurde. Auch zum Goldstandard gibt es heute eine Parallele, die sich in festen Wechselkursen und dem Euro zeigt. Durch diese Aneinanderbindung der Währungen nimmt man den Staaten die Möglichkeit, sich aus einer kommenden Krise zu befreien. Und die fatale Verschuldung hat heute ein sogar noch viel größeres Ausmaß erreicht als damals. Die Parameter für eine neue Wirtschaftskrise sind also gegeben, und es stellt sich nur noch die Frage, wie diese abläuft. Auch hier lassen sich Schlussfolgerungen aus der Geschichte ziehen.

Auswirkungen der Krise

Wie schnell die Entwicklung vom Boom zur tiefen Depression vonstatten ging, zeigte sich damals: Innerhalb von sieben Monaten waren Amerika und die übrige Welt in einer Depression. Die

Arbeitseinkommen sanken drastisch. In Kanada reduzierten sich die Löhne beispielsweise, je nach Region, zwischen 49 und 71 %. Gleichzeitig gingen die Warenpreise durch die entstandene Deflation herunter. Getreide, welches 1929 noch zu 1,61 Dollar verkauft wurde, war 1932 nicht einmal mehr für 38 Cent zu veräußern. In der Deflation lohnte sich nicht einmal mehr die Ernte, da die Selbstkosten für den Anbau höher lagen als der zu erwartende Gewinn. Hier zeigte sich die fatale Eigenschaft einer deflationären Abwärtsspirale, weil durch den Geldmangel das Getreide teilweise gar nicht mehr zu verkaufen war. Die Erlöse sanken, während die Nebenkosten, wie zum Beispiel der Transport, relativ hoch blieben. Wenn zum Beispiel jemand einen Stier verkaufen wollte, waren die Kosten für den Transport zum Markt höher als der zu erwartende Gewinn. Durch mangelnde landwirtschaftliche Nutzung wegen der Krise und dem Ausbruch einer Dürre wurden große Flächen in Nordamerika in eine Wüste verwandelt. Neben den Warenpreisen brachen auch die Boden- und Immobilienpreise ein. Häuser oder Boden verloren 90 % ihres Wertes, den sie vor der Krise hatten. Verheerend waren die Folgen für den Arbeitsmarkt. Da sich die Gütererzeugung wegen der niedrigen Preise nicht mehr lohnte, wurden Beschäftigte entlassen. Auf zwei Stellen einer kanadischen Obstplantage bewarben sich beispielsweise über 200 Menschen. Der Lohn wurde dadurch auf 10 Cent je Stunde gedrückt. Es gab in Kanada keinerlei Unterstützung von Bedürftigen, weder Arbeitslosengeld noch Sozialhilfe. Auch die Arbeitsbedingungen wurden immer weiter verschärft. So arbeiteten viele Arbeiter nur noch auf Abruf, Pausen oder Vergünstigungen wurden restlos gestrichen. Oftmals mussten Beschäftigte unterhalb der gesetzlichen Mindestlöhne arbeiten. Auf der ganzen Welt wurden Handelsbeschränkungen erlassen, der Welthandel brach zusammen. Die Regierungen ignorierten zum großen Teil die Vorkommnisse. Das Interesse der Menschen an Politik erreichte ein Minimum. Politische Zeitungen waren nicht zu verkaufen. In den USA kam es zu einer drastischen Zunahme der Kriminalität: Bank- und Raubüberfälle waren an der Tagesordnung. Die Gewinner der Deflation waren diejenigen, welche ihr Geld rechtzeitig in Sicherheit brachten oder Arbeitsstellen in starken Industriebereichen behielten. Diese konnten die sinkenden Preise für günstige Käufe nutzen. Erst der Zweite Weltkrieg beendete die Krise. Im Jahr 1941 war die Depression durch die anlaufende Kriegsindustrie zu Ende.[72]

Verhältnisse in Deutschland

Nach den USA war das Deutsche Reich am stärksten von der Krise betroffen. Der Grund dafür lag darin, dass etwa drei Viertel der kurz- bis mittelfristigen Auslandskredite für langfristige Investitionen eingesetzt worden waren. Durch den deflationären Prozess sank das Bruttosozialprodukt in der Weltwirtschaftskrise 1929 um 5 %, 1930 um 4,2 %, 1931 um 12,1 % und 1932 um nochmals 5 %. Deshalb mussten immer mehr Betriebe den Bankrott melden, die Zahl der jährlichen Konkurse verdoppelte sich zwischen 1928 und 1931. Es entstand ein Teufelskreislauf aus sich verringernder Kaufkraft, zurückgehender Nachfrage, sinkender Produktion und weiteren Entlassungen, der auch die Dauerkrise in der Landwirtschaft verstärkte. Viele kleine und mittlere Bauern konnten ihre Schulden nicht mehr abbezahlen und gingen finanziell zugrunde. Besonders die Maßnahmen der damaligen Regierung Brüning waren fatal, da sie, um einen ausgeglichenen Haushalt vorzuweisen, die direkten Steuern und indirekten Abgaben erhöhte. Die Massenarbeitslosigkeit überstieg bei weitem die Möglichkeiten der Arbeitslosenversicherung. Deshalb wurden die staatlichen Sozialzuwendungen zurückgefahren und die Löhne und Gehälter im öffentlichen Dienst gesenkt. Es zeigte sich schnell, dass die Maßnahmen der Regierung die Krise weiter verschärften. Es kam zu einer deflationären Abwärtsspirale, weil sich durch die Absenkung der Einkommen die Kaufkraft verringerte. Dadurch ging die Produktion weiter zurück, während die Arbeitslosigkeit rapide anstieg. Auf die Arbeitslosenunterstützung war zu dieser Zeit kaum Verlass, und je länger die Krise anhielt, desto mehr Arbeitslose fielen spätestens nach 26 Wochen (über 40-Jährige nach 39 Wochen) aus der bescheidenen Arbeitslosenversicherung heraus. Danach erhielten sie bis zu 39 bzw. 52 Wochen eine deutlich reduzierte, bedürftigkeitsgebundene Krisenunterstützung und schließlich die winzige, rückzahlungspflichtige kommunale Wohlfahrtsunterstützung. Von den 4,7 Mio. Arbeitslosen im Frühjahr 1931 bezogen 43 % Arbeitslosengeld, 21 % Leistungen der Krisenfürsorge und 23 % Zuwendungen der Wohlfahrtsunterstützung. Der Rest erhielt überhaupt keine Unterstützung. Auch die Ersparnisse gingen zu dieser Zeit verloren oder waren gesperrt. Nach Beginn der Krise konnten die Bankkunden nur noch in beschränktem Umfang über ihr Guthaben verfügen. Durch den Goldstandard war die Regierung nicht in der Lage, dem Markt zusätzliches Geld zur Verfügung zu stellen. Als erstes Land koppelte England deshalb das Pfund Sterling am 21. September 1931 vom Goldstandard ab, um es 20 % abzuwerten. Damit wurde die Lage für Deutschland noch ungünstiger, weil der Wert der Reichsmark im Ausland stieg und deutsche Produkte ihre Konkurrenzfähigkeit auf dem Weltmarkt verloren. Brüning entschloss sich deshalb zu einer weiteren Verschärfung des Deflationsdrucks: Nach der Notverordnung vom 6. Oktober 1931 konnten Arbeitslose nur noch 20 statt 26 Wochen Leistungen erhalten. Die Folge der Maßnahme zeigte sich in einem erneuten Anstieg der Arbeitslosigkeit, und Ende Februar 1932 gab es 6,1 Mio. registrierte Erwerbslose, mit den nicht gemeldeten Arbeitslosen über 7,6 Mio.[73] Die Depression entwickelte sich aus dem Crash in sehr schnellem Tempo. Dagegen wird die kommende Entwicklung schon durch die moderne Informationstechnologie noch schneller ablaufen. Es ist wieder mit einer großen Anzahl von Unternehmensbankrotten und Bankenpleiten zu rechnen, durch welche die Kaufkraft der Bevölkerung empfindlich getroffen wird. Die meisten Betriebe werden dabei schon am Anfang der Krise am Ende sein, da die hohe Verschuldung bei steigenden Zinsen nicht mehr zu bedienen sein wird. Wie damals wird es zu einer deutlichen Absenkung der Preise kommen, welche die Gewinne und damit die Fähigkeit zum Schuldendienst reduzieren wird. Mit zunehmenden faulen Krediten kommen gleichzeitig die Banken in Schwierigkeiten und müssen die Auszahlungen einschränken oder ebenfalls Bankrott anmelden. Viele Sparer werden dabei ihr Vermögen verlieren. Die Arbeitslosenunterstützung wird wie in den 30er Jahren sehr schnell eingeschränkt und gestrichen werden. Wie damals werden die Regierungen und Notenbanken nichts gegen die Deflation unternehmen, da alle auf die reine Inflationsbekämpfung eingeschworen wurden. Besonders der Euroraum wird stark von der Krise getroffen werden, weil sich die Nationen nicht ohne Weiteres von den festen Wechselkursen im Eurosystem trennen dürfen.

Schlussfolgerungen: Aus der Depression vor 70 Jahren lassen sich mehrere Schlussfolgerungen ziehen:

- Die Krise wurden von offizieller Seite geleugnet
- Die Wirtschaftsexperten irrten fast alle.
- Die Anleger wurden von der Wirtschaftskrise überrascht.
- Vor dem Crash waren schon deflationäre Anzeichen gegeben.
- Hauptgrund für die Krise waren Überschuldung der Volkswirtschaften und Aufblähung der Aktienkurse.
- Die Krise breitete sich durch feste Wechselkurse im Goldstandard weltweit aus.
- Die finanzielle Abhängigkeit der Nationen wirkte sich für alle schädlich aus.
- Der Welthandel brach praktisch zusammen.
- In der Krise wurde wieder überwiegend mit Bargeld bezahlt.
- Es zählte nur Geldkapital, Sachkapital verfiel im Preis.
- Bankguthaben waren nicht sicher, die Verfügung darüber wurde eingeschränkt.
- Die Depression machte einen normalen Gelderwerb mit regelmäßigem Einkommen unmöglich.
- Auf Arbeitslosengeld oder Sozialhilfe war kein Verlass.
- Die Regierung unterstützte die Krise durch deflationäre Politik (Sparmaßnahmen, Lohnsenkungen).

„Wir haben derzeit eine beispiellose Belastung der Wirtschaft. Vielleicht die schlimmste seit den 30er Jahren. ... Aufgrund der Globalisierung ist jeder mit dem Dynamit verbunden. Das macht die Situation sehr gefährlich. Ja, wir stecken in einer sehr schwierigen Situation. Ja, es kann noch weitaus schlechter werden." Rudi Dornbusch, Ökonom, 1998 [74]

Parallelen zu heute

Berücksichtigt man die damaligen Bedingungen im Vorfeld des Börsenkrachs, fallen einige Parallelen zur heutigen Zeit auf: Weltweit wurden feste Wechselkurse eingeführt, wodurch sich eine Kapitalkrise in einem Land schnell auf die ganze Welt ausbreiten könnte. Besonders die Einführung des Euros stellt hier eine Gefahr dar. Gleichzeitig wurde die finanzielle Abhängigkeit der Nationen untereinander ausgeweitet. Die Verschuldung der Staaten erreichte überall Rekordniveau. Das Volumen der Devisentransaktionen steigert sich ständig. Der Welthandel hat ebenfalls Rekordniveau erreicht. Festzustellen ist auch, dass die heutige Entwicklung der Börsenindizes und der Verschuldung erheblich stärker verläuft als in den 20er Jahren. Schon im Vorfeld der Krise wird heute die Kaufkraft durch Sparmaßnahmen der Regierung weiter eingeschränkt. Ebenfalls werden die Leistungen der Arbeitslosen und Sozialhilfeempfänger ständig reduziert. Deutlich kann daraus erkannt werden, dass eine kommende Krise größere Auswirkungen auf den Einzelnen haben wird als die Depression der 30er Jahre. Die Wirtschaft ist heute erheblich zentraler gestaltet. So zeigt die immer schnellere Welle der Bankenfusionen, dass die Abhängigkeit der Unternehmen von letztlich einem riesigen Kreditinstitut immer größer wird. Im ersten Halbjahr 1997 erfolgte die Fusion der Bayerischen Vereinsbank mit der Hypobank zur zweitgrößten deutschen Bank. Schon wenige Monate später folgte die Vereinigung der beiden größten Banken in der Schweiz, der Schweizer Bankengesellschaft mit dem Schweizer Bankenverein zur zweitgrößten Bank der Welt. Die Citibank fusionierte im April 1998 mit der Travelers Group zum größten Finanzdienstleister weltweit. Es beginnt ein Verdrängungswett-

lauf um die weltweite Monopolstellung. In der Krise wird diese Bankenmacht dann zur gnadenlosen Liquidierung von zahlungsunfähigen Unternehmen eingesetzt werden. Dabei gerät in der Krise dann auch die grundsätzliche Versorgung, beispielsweise mit Nahrungsmitteln, in Gefahr. Die Kleinbauern, welche in den 30er Jahren die Städte versorgten, sind größtenteils verschwunden. Der landwirtschaftliche Sektor wird nur noch von einer kleinen Minderheit besetzt. Durch Verlust des regionalen Wirtschaftens erfolgte eine zunehmende Abhängigkeit vom Transportsektor. Gleichzeitig nahm der Einsatz und damit die Abhängigkeit von Maschinen, Pestiziden und Düngemitteln in der Landwirtschaft dramatisch zu. Eine ähnliche Wirtschaftskrise wie damals würde heute eine Nahrungsmittelkrise in den Industriestaaten auslösen. Die überschuldeten Bauern können dann die Kredite nicht mehr abzahlen, der Preisverfall wird gleichzeitig die Selbstkosten nicht mehr abdecken, und die Nahrungsmittelerzeugung muss zusammenbrechen. Ähnliches wird mit dem Transportsektor geschehen. Ohne ständige Zulieferung sind heute die Supermärkte innerhalb von etwa zwei Tagen ausverkauft, da die Lagerhaltung zur Kostenersparnis vermieden wird. Der einbrechende Welthandel wird ebenfalls zur Knappheit wichtiger Güter beitragen. Auch auf dem Finanzsektor werden die Schäden im Vergleich zur großen Depression erheblich größer. Damals wurde noch überwiegend mit Bargeld bezahlt. Heute wird zunehmend mit Kartengeld eingekauft. Durch eine Finanzkrise wird ein Großteil der Kreditkartengesellschaften und Banken in Schwierigkeiten kommen. Die Karten werden bei den Unternehmen wegen der zweifelhaften Sicherheit der dahinterstehenden Gesellschaften nicht mehr akzeptiert werden. Damit wird ein erheblicher Teil der Bevölkerung ihr gewohntes Zahlungsmittel verlieren. Als Folge davon muss die Kaufkraft absinken, womit die Unternehmen in Schwierigkeiten kommen.
Die Krise wird also erheblich größere Auswirkungen zeigen als damals. Weil verfügbares Geldkapital in der Krise sehr viel zählt, ist die Vorbereitung und Sicherung des vorhandenen Vermögens entscheidend für Ihren späteren Lebensstandard.

„Gerät der Zufluss von Auslandskapital in die USA ins Stocken, könnten sich die Entwicklungen überschlagen: Der Dollar fällt, die US-Zinsen steigen und drücken Wirtschaftswachstum und Börsenkurse, eine Spirale nach unten kommt in Gang und kann sich mit der von den inneren Ungleichgewichten angestoßenen Spiralbewegung vereinen. ... und je länger der Boom noch weitergeht, umso steiler könnte der Absturz werden."
Die Zeit, 5.1.2000

Szenarien für eine Wirtschaftskrise heute

Die fundamentalen Fehler im Finanzsystem führen letztlich zu krisenhaften Zuständen. Deshalb enden die meisten beschriebenen Szenarien in einer Krise mit Vermögensverlust für den Anleger. Auch andere kritische Analysten warnen vor der kommenden Entwicklung: Im Winter 1998 befragte die Wirtschaftszeitung International Herald Tribune die 20 renommiertesten Experten an der Wall Street und in Washington über ihre Ansichten zu Finanzkrisen. Obwohl die Aussagen wenig übereinstimmten, waren sich alle einig, dass wir eine Serie von Finanzkrisen in den nächsten Jahren erleben würden.[75] Das Risiko, in den nächsten Jahren in eine Wirtschaftskrise verwickelt zu werden, ist für Sie demnach nicht zu unterschätzen. Dabei besteht durchaus die Gefahr, dass Sie Ihr Vermögen verlieren. Entscheidend ist, dass Sie sich vor der Krise bereits grundlegende Gedanken darüber gemacht haben, welcher Ablauf zu erwarten ist. Erst dann können Sie geeignete Gegenmaßnahmen treffen, um Ihr Erspartes zu sichern. Nicht umsonst gibt es das Sprichwort „Gefahr erkannt, Gefahr gebannt". Der Unwissende wird vom kommenden Crash überrascht und verliert seine Sicherheit und Freiheit. Hier stellt sich die Frage, welche Szenarien für die weitere Entwicklung denkbar wären.

„Wir sind Zeugen eines historischen Booms von nie gekannter Dimension', so schrieb im Juli vergangenen Jahres das amerikanische Zeitgeistblatt `Wired'. Die Weltökonomie werde sich alle zwölf Jahre verdoppeln und Milliarden von Menschen nie erlebten Wohlstand bringen: `Vor uns liegen 25 Jahre Reichtum und Freiheit - haben Sie etwa ein Problem damit?'"

Der Spiegel, 12.10.98

Szenario 1: Aktienanstieg, Aufschwung, Preisstabilität

Dieses offizielle bis vor kurzem verbreitete Szenario geht von einem immerwährenden Wachstum bei Preisstabilität aus. Die OECD sprach noch Anfang 1998 davon, dass sich die Welt am Vorabend eines globalen Wirtschaftsaufschwunges befände. Die Produktion sollte bis 2020 auf das Doppelte wachsen. In Ländern wie China, Indien, Indonesien, Russland und Brasilien solle sich die Produktivität sogar versechsfachen.[76] Das RWI rechnete für 1999 mit einem Wachstum des Welthandels von 4,5 % und im Jahr 2000 mit 7 %.[77] Auch einen vorübergehenden Anstieg des Wirtschaftswachstums in Japan im ersten Quartal 1999 im Vergleich zum Vorjahr von 7,9 % sowie neue Investitionen des Staates von 500 Mrd. Dollar bewerteten viele Experten als positiv.[78] Der amerikanische Börsenexperte Harry S. Dent meinte, dass der Börsenboom erst im Jahre 2008 seinen Höhepunkt erreichen werde. Der Dow Jones Aktienindex solle dann bei 35.000 Punkten stehen.[79] Der Templeton Fondsmanager Mobius rechnete mit einer „Korrektur nach oben", also steigenden Kursen. Auf Dollarbasis berechnet, sehe er ein enormes Aufholpotential an den Börsen der Schwellenländer. So müsse Thailand um 498 %, Korea um 118 % und Indonesien um 455 % aufholen, um die vor der Krise erreichten Höchststände wieder zu erlangen.[80] Ebenfalls prophezeite der Fondsspezialist David Alger eine Börsenhausse ohne Ende. Der Dow Jones solle bis zum Ende des ersten Quartals 2004 die Marke von 20.000 Punkten überschreiten. Internetaktien würden geradezu explodieren, dies sei keine Kursblase, sondern die „neue Realität".[81] Die DG-Bank erklärte sogar, dass man alte Grundsätze bei der Bewertung von Aktien einfach „über

Bord werfen" müsse, da sich viel Liquidität angestaut hätte, welche in den Aktienmarkt fließen müsse.[82] Ähnlich äußerte sich die Dresdner Bank in einer Studie vom Sommer 2000, in der bekannt gegeben wurde, dass die New Economy Deutschland einen langanhaltenden inflationsfreien Aufschwung und einen Abbau der Arbeitslosigkeit von 400.000 Erwerbslosen bescheren werde. Der Chefvolkswirt Klaus Friedrich meinte, dass bisherige Regeln der Ökonomie nicht mehr gelten würden und Inflation wegen des verschärfenden Wettbewerbs keine Gefahr mehr sei.[83] Auch von der Regierungsseite werden diese optimistischen Annahmen geteilt. So erklärte der damalige Wirtschaftsminister Müller in seinem Jahresbericht Mitte 2000, dass sich die Arbeitslosenzahl bis 2002 auf 3 Mio. reduzieren werde und ein tiefgreifender, jahrelanger Wirtschaftsboom bevorstehe. „New Economy" heiße nichts weiter als „mehr Wohlstand durch Wirtschaftswachstum", behauptete der Minister und forderte gleichzeitig dazu auf, die Globalisierung als Chance, nicht als Bedrohung anzusehen.[84] Leider berücksichtigt dieses Szenario nicht die fundamentalen Bedingungen unseres Kapitalsystems. Ohnehin haben sich die Vertreter dieses Szenario durch die massiven Einbrüche der Börse seit dem Jahr 2000 disqualifiziert. Auch hatte beispielsweise die zur Rechtfertigung immer wieder geäußerte Entwicklung von Internetfirmen keine Auswirkung auf andere Wirtschaftszweige.[85] Weder wird die Unmöglichkeit eines ewigen Wachstums erkannt noch die Gefährlichkeit des zinsbasierten Finanzsystems berücksichtigt. Es werden lediglich momentan vermutete Entwicklungen in die Zukunft projiziert. Auch historische Beispiele werden in diesen Prognosen nicht berücksichtigt. In der Vergangenheit hat das Zinssystem nie länger als einige Jahrzehnte gehalten, bis es wieder zu einem neuen Zusammenbruch kam. Dabei war jede Wirtschaftskrise schlimmer als die vorhergehende. Zu beobachten war ein Zwei-Generationen-Zyklus, wobei das System immer etwa 60 Jahre vom Aufbau bis zum Zerfall benötigte. Wie das Beispiel der Weltwirtschaftskrise in den 30er Jahren zeigte, war davor die Ansicht der Experten der heutigen ähnlich. Kaum jemand wollte sich einen Zusammenbruch vorstellen. Als die Krise dann plötzlich kam, war keiner darauf eingestellt oder vorbereitet. So traf das Unglück die Anleger stärker als es bei nüchterner Betrachtung vorher der Fall gewesen wäre. Realistischer ist hier das von einer Minderheit prognostizierte Szenario eines Zusammenbruchs, welches von fundamentalen Faktoren ausgeht.

Szenario 2: Aktiencrash, Deflation, Dollarsturz

Dabei geht die Annahme von einer Überbewertung des Aktienniveaus aus. Dieses ist nach der ausgeprägten Rallye 2003 wiederum der Fall. Mit fundamentalen Gegebenheiten sind die Kurse in Europa und Amerika nicht mehr in Einklang zu bringen. Gleichzeitig haben sich die finanziellen Grunddaten verschlechtert. Die weltweite Verschuldung ist genauso explodiert, wie sich Leistungsbilanz-Ungleichgewichte aufgebaut haben. Diese falschen Entwicklungen müssen früher oder später zu einer Korrektur führen. Da sich lange Zeit Korrekturbedarf aufgestaut hat, wird der Kursrückgang in einer Panik, einem Zusammenbruch enden.
Als Anfang des Jahres 2002 wieder allgemein von einem Aufschwung die Rede war, warnte der Internationale Währungsfonds (IWF) bemerkenswerter weise davor, dass allein die hohen Schulden der privaten Haushalte und der Unternehmen in den Industrieländern die Investitionstätigkeit und damit die Konjunkturerholung zusammenfallen lassen könnten. Wenn das erwartete Gewinnwachstum ausbleiben sollte, bestehe das Risiko einer massiven Korrektur bis hin zu einem Crash an den Aktienbörsen.[86] Der schweizerische Professor Fredmund Malik erklärte sogar, dass jeder Abschwung letztlich dahin zurückkehren werde, wo er begonnen habe. So rechne er mit einem Fall des Dow Jones auf 1000 Punkte.[87] Es ist auch gefährlich, sich von einem vermeintlichen Aktienaufschwung leiten zu lassen: Nach den Terroranschlägen in New York im September 2001 sanken die Aktienwerte drastisch im Kurs ab, um dann innerhalb einiger Monate wieder stark anzusteigen, obwohl die reale Wirtschaftsleistung immer weiter absackte. Experten wiesen dabei darauf hin, dass

dies auch auf einen spekulativen Effekt zurückzuführen sei, da viele Spekulanten nach dem Anschlag auf fallende Kurse setzen und schon geringfügig ansteigende Aktienwerte diese zum Kauf zwangen.[88] Was die meisten Anleger heute noch gar nicht realisieren, ist die Tatsache, dass allein wegen der Überschuldung der Wirtschaft ein Gewinn- und damit Börsenwachstum nahezu ausgeschlossen ist. Allein die hohen Pensionsverpflichtungen, also Rentenversprechen an die Arbeiter und Angestellten, belasteten heute die Großunternehmen so stark, dass eine weitere positive Entwicklung stark eingeschränkt wird. So war beispielsweise Siemens im Sommer 2002 um 5,1 Mrd. Euro und Daimler-Chrysler um 3,5 Mrd. Euro unterfinanziert.[89] Sehr riskant ist es, in solch einer ohne fundamentale Daten getragenen Entwicklung zu investieren, weil die Kurse auch sehr schnell wieder in die andere Richtung drehen können.

Häufig werden hohe Wachstumszahlen in den USA als Begründung für den Boom angegeben.

Wachstum durch Verschuldung

Vergessen wird dabei, die Daten kritisch zu untersuchen: Während sich das Bruttosozialprodukt 1998 um 400 Mrd. Dollar erhöht hat, hat sich die Verschuldung von Konsumenten und Unternehmen um 995 Mrd. Dollar gesteigert. Für jeden Dollar, um den die Produktivität gesteigert wurde, wurde über das Doppelte an zusätzlichen Krediten genommen. Allein von 1997 auf 1998 hat sich die Neuverschuldung der Konsumenten und Unternehmen um 41 % gesteigert. Im Jahr 2001 mussten sogar für jeden Dollar realen Zuwachs ganze 10 Dollar Schulden aufgenommen werden.[90] Inzwischen sind die Unternehmen in den USA so überschuldet, dass bei 46 % der im S+P 500 gelisteten Unternehmen der Bankrott droht, wenn es ihnen nicht gelingt, über die Börse oder Banken frische Gelder zu organisieren.[91] Das ganze Wachstum in den USA ist also ausschließlich kreditfinanziert. In der ganzen Geschichte hat es noch nie solch eine drastische Ausweitung der Verschuldung gegeben.

„Die amerikanischen Gewinne waren keine Folge realer Wirtschaftsleistung, sondern kreativer Buchhaltung - zum Schluss erreichte diese die Grenzen der Bilanzfälschung. ... Die Börsenhausse war nie auf echte Wertschöpfung gestützt, sondern auf Desinformation durch die Wallstreet-Industrie und die exorbitante Verschuldung aller amerikanischer Wirtschaftssegmente. ... Für jeden Dollar zusätzliches Sozialprodukt waren rund drei Dollar zusätzliche Verschuldung erforderlich. ... Es gab auch nie das vielgepriesene Haushaltswunder. Die öffentliche Verschuldung Amerikas steigt nach wie vor und ist heute höher als zu jedem früheren Zeitpunkt."

Fredmund Malik, Handelsblatt, 8.3.2002

Illusionen durch statistische Tricks

Die Hälfte des Produktivitätszuwachses in den USA war nur durch die Computerindustrie begründet. Der Grund lag in einer geänderten statistischen Erfassung, in der nicht nur die Ausgaben für Computer, sondern auch die gesteigerte Rechnerleistung in das Bruttosozialprodukt einfloss. Obwohl die tatsächlichen Ausgaben der Unternehmen für Computer bspw. 1998 gerade 14 Mrd. Dollar betrugen, wurde durch die geänderte Statistik ein scheinbarer Zuwachs von 282 Mrd. Dollar ausgewiesen. Im ersten Halbjahr 1999 machte die Computerindustrie dadurch schon 65 % des Produktivitätszuwachses aus.[92] Der Computerbereich sollte schon bald, nach der geänderten Statistik, die Automobilhersteller als größten Industriezweig ablösen.[93]

Schnell wird deutlich, dass die Begründungen für die explodierenden Aktienkurse von vornherein auf tönernen Füßen standen. Ohnehin zeigte sich im Jahr 2001 durch die Bilanzskandale der US-Konzerne Enron und Worldcom, dass die Bilanzen oftmals schlicht und einfach gefälscht wurden. Zum anderen war das Wirtschaftswachstum in den USA bestenfalls halb so hoch wie offiziell ausgewiesen und die dortige Wirtschaft völlig überschuldet sowie der Konsum ausschließlich kreditfinanziert. Die Folge davon ist ein erhebliches Korrekturpotential besonders für amerikanische Wertpapiere. Solch ein Crash könnte die USA und damit die ganze Welt in eine tiefe Depression stürzen.

Denkbarer Ablauf: Als wichtige Punkte wurden ein Absinken des Aktienniveaus bzw. Dollarkurses, das zunehmende amerikanische Leistungsbilanzdefizit und die zurückgehende Marktbreite genannt. Denkbar wäre, dass es durch einen äußeren, unerwarteten Auslöser (Naturkatastrophe, Krieg, Energiekrise, Bankrott wichtiger Banken) zu einem massiven Aktiencrash in Amerika käme. Die sinkenden Börsenwerte würden schnell eine Panik auslösen, wenn die Marktteilnehmer die Überbewertung realisierten. Ein panikartiger Verkauf an der Wall Street müsste zur Flucht des Kapitals aus dem amerikanischen Raum führen. Gleichzeitig müsste der überhöhte Dollarkurs wegen des hohen Leistungsbilanzdefizits der USA korrigiert werden. Es käme zu starken Verlusten an der Börse und einem erheblichen Nachgeben des Dollars.

Auswirkungen: Die eigentliche Gefahr eines Aktiencrashs besteht darin, dass die Konsumbereitschaft der Bevölkerung eingeschränkt wird. Das kommt daher, da insbesondere die Kleinanleger betroffen sind. Etwa zwei Drittel der Wirtschaftstätigkeit fallen in Amerika auf den Konsum, womit sich sofort eine Rezession durch abnehmende Wirtschaftsleistung entwickeln würde. Durch Ausfall des weltweit größten Importlands USA müsste auch die Konjunktur der anderen Staaten zurückgehen. Unter diesen Umständen wäre ein Abfall des Dollars zu erwarten. Ausländisches Kapital, welches den Dollar bisher nach oben trieb, würde nun in andere Länder abfließen und den Wechselkurs unter Druck bringen. Um eine Dollarkrise aufzuhalten, wäre die Nationalbank in Amerika gezwungen, die Zinsen anzuheben. Dies würde die Konjunktur in Amerika wegen steigender Zinslasten weiter abwürgen.[94]
Ebenfalls müssten Länder mit kurzfristiger Auslandsverschuldung zerbrechen, wie beispielsweise Argentinien, Türkei oder Südafrika.[95]
Das Szenario würde letztlich in einer deflationären Abwärtsspirale und einer Kreditklemme enden. Diese Entwicklung wäre schon beinahe im Herbst 1998 abgelaufen, wenn nicht die amerikanische Notenbank schnell Liquidität durch Absenkung des Leitzinses zur Verfügung gestellt hätte. Der ehemalige Bundesbankprä-

sident Pöhl stellte klar, dass die Finanzmärkte im Herbst 1998 vor dem Zusammenbruch standen. Höhepunkt sei der Beinahe-Bankrott des Investmentfonds LTCM gewesen. Ähnliches könne wieder geschehen, auch wenn die Banken mit der Kreditvergabe vorsichtiger geworden wären. Als neues Risiko verwies er auf das steigende Leistungsbilanzdefizit der USA.[96]

Ein ähnlich kritischer Moment wurde wieder im September 2001 nach dem Terroranschlag auf das World Trade Center in New York erreicht.

Der Chefvolkswirt der Europäischen Zentralbank, Otmar Issing, hat geäußert, dass bereits der Aktiencrash 1987 nur deshalb auf Deutschland keinen Einfluss hatte, da damals nur rund 5 % der Haushalte Aktien besaßen. Für die Unternehmen hatte die Finanzierung über Aktien noch keine Bedeutung gehabt. In Amerika haben heute jedoch über 50 % der Haushalte ihr Vermögen in Aktien investiert. Veränderungen des Aktienniveaus hätten deshalb jetzt ganz andere Folgen als 1987.[97]

Besonders bedenklich stimmt die Tatsache, dass in den letzten Jahren Aktien, in Erwartung weiter steigender Kurse, auf Kredit gekauft werden. In den USA erreichte die Kreditsumme für Aktienkäufe im Januar 2000 den Rekordwert von 221 Mrd. Dollar. Da in den USA Anleger höchstens 50 % des Aktienwertes durch Kredite erwerben dürfen, sind die Banken bei fallenden Notierungen gezwungen, die auf Kredit gekauften Aktien abzustoßen, um die Kreditdeckung einzuhalten. Dadurch verschlimmert sich ein Crash noch weiter.[98] Auch Ende 2003 ist die Fremdfinanzierung der Aktienkäufe in Amerika wieder deutlich gestiegen. Die Parallelen zu 1929 sind unverkennbar. Zwangsliquidationen würden den Abwärtstrend verschlimmerten.

Neben der Absenkung des Börsenniveaus sind auch Szenarien denkbar, welche von einem veränderten Preisniveau ausgehen.

„So könnte eine Abwärtsspirale in Gang kommen: Wegen der Absatzschwierigkeiten entlassen die Firmen Personal oder zahlen niedrigere Löhne. Dadurch sinkt das Einkommen der Konsumenten, die Unternehmen verkaufen noch weniger Produkte und leiten erneut Gehaltskürzungen ein oder setzen noch mehr Mitarbeiter auf die Straße. Die Nachfrage bricht immer weiter ein. Fallen die Preise, wächst zudem die reale Schuldenlast der Firmen, es kommt zu Pleiten und Kreditausfällen, die den Finanzsektor belasten."
Financial Times Deutschland, 18.10.2002

Szenario 3: Inflation/Deflation

Inflation: Die meisten Menschen, welche Angst vor einem Vermögensverlust äußern, nehmen an, dass das Ersparte von einer Inflation verzehrt werden könnte. Jedoch ist diesem Tatbestand heute nur wenig Wahrscheinlichkeit beizumessen. Eine Studie der Bundesbank hat ergeben, dass die ausgewiesene Inflationsrate um 0,75 Prozentpunkte überzeichnet ist.[99] Eine Preissteigerungsrate von 0 % bedeutet deshalb schon einen Preisrückgang. Festzustellen ist, dass die heute ausgewiesene Inflationsrate zum großen Teil nur auf Steuererhöhungen zurückzuführen ist. Das Statistische Bundesamt erklärte, dass allein durch die Ökosteuer die Inflationsrate um 0,3 Prozentpunkte angehoben wurde.[100] Der ausgewiesene Preisanstieg beispielsweise Anfang 2000 war fast vollständig auf die Erhöhung des Ölpreises zurückzuführen, nicht jedoch auf eine eigentliche Inflation (Geldmengenerhöhung).[101] Ähnlich war es auch im Jahr 2001, als steigende Ölpreise und die Maul- und Klauenseuche die Preise für bestimmte Produkte erhöhte. Rechnet man all diese Sonderfaktoren und die statistische Überhöhung der Inflation heraus, gibt es schon seit längerem keine richtigen Preissteigerungen mehr. Eine Inflation wäre nur dann denkbar, wenn die Notenbanken damit beginnen würden, die Geldausgabe kräftig zu erhöhen. Dieses Vorgehen ist allerdings 2003 in USA zu beobachten. Daher sind dort wieder leicht steigende Zinsen zu verzeichnen.
Gleichzeitig müsste der Wechselkurs nachgeben. Bei der heutigen Größe der Auslandsverschuldung vieler Länder würde eine Abwertung der eigenen Währung durch Inflation die Rückzahlung der Schulden noch weiter erschweren. Die USA sind jedoch

komplett in Dollar verschuldet, weshalb dort diese Gefahr nicht besteht.
Einige Beispiele sollen zeigen, wie eine extreme inflationäre Entwicklung abläuft:

Hyperinflation 1923: Durch Zinszahlungen und Schuldentilgung wegen Reparationszahlungen nach dem Ersten Weltkrieg war der Haushalt der deutschen Reichsregierung Anfang der 20er Jahre stark angespannt. Die Regierung versuchte, mit immer höheren Reichsbankkrediten und Betätigung der Notenpresse der Lage Herr zu werden. Das Giralgeld wuchs auf 500 Trillionen Mark, das umlaufende Bargeld auf fast dieselbe Menge. 300 Papierfabriken und 150 Druckereien waren mit der Herstellung von Banknoten beschäftigt. Die Kaufkraft des deutschen Geldes sank ins Bodenlose, der Kurs zum Dollar stieg steil an. Die Reichsbanknoten wurden mit immer höherem Nennwert ausgegeben. Es setzte eine Flucht in Dollar, Sachwerte und Immobilien ein. Die Geschäftsinhaber brachten ihr Geld schnellstmöglich auf die Bank und tauschten es in Fremdwährungen um. Wegen des schnellen Preisverfalls wurde der Lohn zweimal täglich ausgezahlt. Schnell verlor das Geld seine Zahlungsmittelfunktion gänzlich, und es wurde mit Naturalien bezahlt. Gewinner waren die Schuldner, welche ihre Schulden schlagartig mit wertlosem Geld zurückzahlen konnten, und der Staat, welcher seine Kriegsanleihen bei den Bürgern zurückzahlte. Ferner profitierten Mieter, Pächter und besonders Exportunternehmer, welche ihre Produkte gegen Auslandswährung verkauften. Verlierer waren die Gläubiger, die wertloses Geld zurückerhielten, ebenso die Bezieher fester Einkommen (Arbeitnehmer, Rentner, Vermieter, Pächter) und die Besitzer von Sparguthaben.[102]

Russland 1992: In den Jahren 1992 und 93 wurde das Geld in Russland durch eine plötzliche Hyperinflation mit Absturz des Rubelkurses so schnell vernichtet, dass Millionen ihr Erspartes verloren hatten, ehe sie begriffen, was geschehen war.[103]

Schlussfolgerung: Im Fall einer Hyperinflation ist es entscheidend, sein Geld möglichst schnell in Sachkapital bzw. inflationsarme Währungen einzutauschen. Dies ist jedoch nur möglich, wenn Sie die Mittel liquide, also kurzfristig angelegt haben. Ist das Vermögen langfristig festgelegt, wird dieses durch die Inflation vernichtet, ohne dass Sie die Möglichkeit hätten, darauf zurückzugreifen.

Deflation: Das Risiko einer Deflation ist mit unserem Zinssystem verbunden. Auch war jede große Wirtschaftskrise in der Geschichte keine Inflation, sondern eine Deflation. Ein Hinweis auf eine Deflation stellt der Preisverfall bei der Produktion dar. Der Produzent Bosch-Siemens schlug bereits Alarm, dass der Preisverfall die produzierenden Unternehmen gefährden könnte.[104] Die Zahl der steigenden Zwangsversteigerungen von Immobilien, welche allein in den ersten drei Monaten des Jahres 2000 gegenüber dem Vorjahreszeitraum um 14,5 % anstieg, weist ebenfalls auf zunehmende deflationäre Probleme hin.[105] Am deutlichsten wird die deflationäre Entwicklung anhand des Preiskampfs im Einzelhandel. Ende 2002 erklärte der Einzelhandel, dass 80 % der Unternehmen über Umsatzeinbußen klagten, welche bei einem Viertel der Betriebe sogar existenzbedrohend wären.[106] Nur durch immer massivere Preissenkungen können die Kunden überhaupt noch zum Kauf animiert werden. Ebenso musste bspw. Intel seine Preise für Computerchips im Jahr 2002 um 53 % senken, um die stagnierende Nachfrage ankurbeln zu können.[107]
Den deutlichsten Hinweis auf deflationäre Tendenzen gibt die Entwicklung des Zinsniveaus: Bei Inflation, wenn die Geldmenge im Vergleich zur Gütermenge wächst und damit die Preise steigen, wird die zu erwartende Inflationsrate vom Geldverleiher auf den Kreditzinssatz aufgeschlagen, um bei der Rückzahlung des Kredites nicht weniger Kaufkraft zurückzuerhalten als verliehen wurde. Die Zinssätze steigen dadurch. Bei der Deflation ist es umgekehrt: Die Preise fallen, der Preissteigerungsanteil im Zins wird reduziert – die Kreditzinsen fallen. Die Entwicklung des

Zinsniveaus bis 2002 zeigte deutlich einen immer schnelleren Verfall der Zinssätze.
Ein Beispiel aus jüngster Zeit für die Entwicklung einer Deflation ist Japan: Zuerst explodierende Aktienkurse, ausufernde Immobilenspekulation und scheinbar vorbildliche Wirtschaft (bis Ende der 80er Jahre), danach plötzlicher Einbruch am Aktienmarkt, Verfall der Immobilienpreise, dadurch die Entstehung von faulen, ungedeckten Krediten. Niemand machte sich anscheinend Sorgen, als im Dezember 1989 allein der japanische Aktienmarkt wertmäßig 40 % der gesamten weltweiten Aktiengesellschaften ausmachte und der japanische Boden viermal so viel wert war wie die viel größere Fläche der USA.[108] Heute befindet sich Japan immer noch in einer Deflation, die das Land in die Depression drücken könnte.

Börsencrash
Mit der Entwicklung einer Deflation ist auch ein Wegbrechen der Aktienkurse verbunden, weil die Unternehmensergebnisse durch den Preisrückgang sinken. Durch den Kursrückgang an der Börse wird die Konsumbereitschaft eingeschränkt und damit der Entwicklung zusätzlicher Schub verliehen. Außerdem sind Kleinaktionäre in einer Deflation gezwungen, ihre Aktien zu jedem Preis zu verkaufen, weil sie auf das Kapital zum Lebensunterhalt angewiesen sind. Doch bleibt der Kursverfall nicht auf Aktien beschränkt, sondern erfasst im Verlauf der deflationären Spirale alle Wertpapiere. Weil auch die Staaten zunehmend weniger in der Lage sind, den Zinsdienst für die real aufgewertete Verschuldung zu bezahlen, ist letztlich die Zahlungsunfähigkeit vorprogrammiert. Die Staatsanleihen verlieren an Wert, weil die Rückzahlung der Schulden zunächst verzögert, später ganz eingestellt wird. Ein gutes Beispiel ist hier Russland, welches die Schuldzahlungen im Sommer 1998 verzögerte, sodass die Anleihen dann bis zu 90 % an Wert verloren.

Liquiditätsfalle

Wenn die Entwicklung der realen Rendite nach unten weitergeht, wird bald die Liquiditätsgrenze des Kapitals erreicht. Das bedeutet, dass mit abnehmenden Zinssätzen Geld immer schwerer verliehen werden kann, weil der Geldbesitzer nicht genug Anreiz findet, sich von seinem Kapital zu trennen. Außerdem nimmt die Sicherheit der Kredite durch Bank- und Unternehmenspleiten ständig ab. Bald wird Geld überhaupt nicht mehr herausgegeben und nur noch gehortet – der Geldkreislauf kommt ins Stocken. Durch den zunehmenden Entzug von Geld fällt das Preisniveau noch weiter, und die Deflationsspirale dreht sich zunehmend schneller. Geld als Tauschmittel wird zur Mangelware – der Handel wird auf ein Minimum reduziert, Arbeit kann kaum noch entlohnt werden. Die reichen Geldbesitzer gewinnen mit jedem Tag mehr Überlegenheit und können für fast alle Leistungen minimale Bezahlung verlangen.

Maßnahmen des Staates

Bisher konnte der Staat eine Deflation verhindern, indem er künstlich für eine erhöhte Kreditnachfrage sorgte. Auch deshalb wurden die Staatsschulden ständig ausgeweitet und oftmals sinnlose, teure Großprojekte finanziert. Außerdem wurde die Steuerpolitik so gestaltet, dass Kreditzinsen von Unternehmen steuerlich berücksichtigt werden. Das führte dazu, dass schuldenfreie Betriebe oft unwirtschaftlicher waren als verschuldete. Dadurch konnte die Kreditnachfrage und damit der Zins nochmals erheblich gesteigert werden. Das Problem wurde durch diese Maßnahmen nicht gelöst, sondern nur in die Zukunft geschoben. Heute ist das Schuldensystem in ernsten Schwierigkeiten: Wie 2002 und 2003 wird beispielsweise Deutschland auch 2004 wieder gegen das Eurokriterium verstoßen und mehr Schulden als 3 % des Bruttosozialprodukts aufnehmen. In den USA liegt die Neuverschuldung des Staates mit rund 500 Mrd. Dollar zehnmal höher und erreicht fast 5 % des Bruttosozialprodukts. Hier wie da sind die Staatsschulden inzwischen so groß, dass die Verpflichtungen gegenüber den Gläubigern nur durch weitere Neuverschuldung erfüllbar sind. Eine Deflation, welche durch sinkende Preise die Unternehmensergebnisse unter Druck setzt, senkt die Steuereinnahmen des Staates und damit eine wichtige Quelle seiner Schuldenbedienung. Die Regierung ist dann zu umfassenden Sparmaßnahmen gezwungen, was die Wirtschaft weiter abwürgt und weitere Sparmaßnahmen nach sich zieht. Aus diesem Teufelskreislauf gibt es kein Entrinnen. In Entwicklungsländern kommt zu diesem Ablauf noch das wachsende Defizit, da die hohe Auslandsverschuldung nicht mehr bedient werden kann. Um die Verschuldung zu finanzieren, müssen wiederum hohe Zinsen geboten werden, um Kapital anzulocken. Hohe Zinsen belasten jedoch den Haushalt weiter, wodurch neue Sparmaßnahmen nötig werden.[109] Sinkende Preise bringen ebenfalls die Unternehmen in Zugzwang: Diese kürzen die Löhne und entlassen Arbeitskräfte. Durch die einbrechende Kaufkraft sinkt der Unternehmensumsatz weiter. Die deflationäre Abwärtsspirale führt zu einer Bankenkrise und lässt die Börsen crashen. Es käme zu den gleichen verheerenden Folgen wie in Szenario 2.

„Tatsächlich hatte sich in Südostasien der private Sektor bei festen Wechselkursen kurzfristig hoch in ausländischen Währungen verschuldet. Mit der Aufwertung des Dollar konnten die Unternehmer in Thailand und Indonesien ihre Schulden nicht mehr bezahlen. Man hatte zu lange am falschen Wechselkurs festgehalten und sich nicht rechtzeitig von der Bindung an den Dollar abgekoppelt. In Russland hat das Ziel fester Wechselkurse zwischen Rubel und Dollar die Volkswirtschaft ruiniert und die Währungsreserven vernichtet."

Bundesbank Vizepräsident Stark, 2.11.98 [110]

Szenario 4: Währungskrisen

Währungskrisen zerstörten in den letzten Jahren die Wirtschaft vieler Länder. Besorgniserregend ist, dass jede Störung im instabilen Finanzsystem Ihr Vermögen in Gefahr bringt. Wegen im Inland sinkender Zinsen sind in der Vergangenheit zunehmend Anlagemöglichkeiten im Ausland genutzt worden. Allein im ersten Halbjahr 1998 sind die Forderungen gegenüber dem Ausland um 13 % oder 206 Mrd. Euro gegenüber dem Vorjahreszeitraum gestiegen. 61,5 % davon waren Fremdwährungsanleihen, also abhängig vom Wechselkurs.[111] Wie schnell sich jedoch Währungsverwerfungen entwickeln können, zeigen folgende Zahlen des Landeszentralbank-Präsidenten Prof. Dr. Hesse: Der weltweite Devisenumsatz beläuft sich derzeit pro Börsentag im Durchschnitt auf 2000 Mrd. Dollar. Bezieht man diesen für die meisten Menschen unvorstellbaren Betrag auf den wertmäßigen Außenhandel mit Waren und Dienstleistungen, gelangt man auf einen Prozentsatz von nur 2. Der monetäre Sektor habe seine dienende Funktion der realen Wirtschaft gegenüber aufgegeben und eine Eigendynamik entwickelt.[112] Die Notenbanken sind dabei kaum in der Lage, regulierend bei Wechselkursverwerfungen einzugreifen. Die weltweiten Devisenreserven summierten sich beispielsweise 1998 auf gerade 1600 Mrd. Dollar. Die starken Wechselkursschwankungen in der zweiten Hälfte der neunziger Jahre beschäftigen auch vermehrt die Regierungen. So meinte der ehemalige amerikanische Finanzminister Rubin, dass er als früherer Devisenhändler Wechselkursänderungen zwischen Dollar und Yen von 16 % allein im Oktober 1998 nie für möglich gehalten hätte.[113] Auch der Direktor des Internationalen Wirtschaftsinstitutes, Fred Bergsten, erklärte, dass die Welt Mitte Juni 1998 unmittelbar vor einer weltweiten Währungskrise gestanden habe, als der Yen gegenüber dem Dollar auf 146 fiel. Ohne Interventionen der Notenbanken hätten alle Stricke reißen können.[114]

Von Bedeutung sind hier die durch falsche Wechselkurse aufgebauten Leistungsbilanz-Ungleichgewichte: Hält ein Land seinen Wechselkurs künstlich hoch (beispielsweise durch Interventionen oder Zinserhöhungen), wie etwa die USA, dann bildet sich ein Leistungsbilanzdefizit. Durch einen überhöhten Wechselkurs werden Importe erleichtert und Exporte erschwert. Das Gleichgewicht zwischen Import und Export wird also gestört. Die vermehrten Importe müssen durch Schulden im Ausland bezahlt werden. Im umgekehrten Fall, wenn ein Land künstlich an einem zu niedrigen Wechselkurs festhält, werden die Exporte erleichtert und die Importe erschwert. Es kommt, wie in Japan, zu einem

Leistungsbilanz-Überschuss. Da Ungleichgewichte in einem realen System nicht auf Dauer bestehen bleiben können, kommt es früher oder später zu einer Korrektur der aufgestauten Spannungen. Einige Beispiele sollen die Bedrohung verdeutlichen.

„Fällt der Dollar in den nächsten Monaten rapide, dann könnte er eine fatale Abwärtsspirale in Gang setzen. ... Eine regelrechte Kapitalflucht könnte die Folge sein. ... Auch die letzten Amerikafans, die Asiaten, würden ihr Geld dann womöglich abziehen, die Amerikaner selbst würden ihr Geld im Ausland anlegen., Aktien und Anleihenkurse fielen ins Bodenlose. ‚Ein Dollarcrash', warnt Stephen Roach, Chefvolkswirt von Morgan Stanley, ‚würde die Finanzmärkte zum Einsturz bringen'. Als Folge würden die Amerikaner sich ärmer fühlen (‚negativer Wohlstandseffekt'), ihren Konsum einschränken, und die US-Wirtschaft würde erneut in die Rezession fallen. ... Der Dollarcrash wäre eine Katastrophe nicht nur für die USA, sondern für die gesamte Weltwirtschaft."
Spiegel online, 7.6.2002

Dollarabsturz: Ein wichtiges Argument für einen drastischen Abfall des Dollarkurses stellt das steigende Leistungsbilanzdefizit der USA gegenüber der übrigen Welt dar. Dies bedeutet, dass sich die amerikanische Volkswirtschaft zunehmend im Ausland verschulden muss, da die Exporte nicht die Importe finanzieren können. Ende 1998 betrug dieses Defizit noch 230 Mrd. Dollar[115], steigerte sich bis Ende 2000 auf über 420 Mrd. Dollar[116] und erreichte Ende 2003 die 500 Mrd. Dollar-Marke. Nach IWF-Angaben haben ausländische Forderungen bei US-Wertpapieren deshalb bereits im Herbst 2000 die Höhe von zusammen 6500 Mrd. Dollar erreicht.[117] Ein Leistungsbilanzdefizit ist dabei ein deutlicher Hinweis, dass die US-Währung drastisch überbewertet ist. Die Investmentbank Merill Lynch erwähnte eine Studie, wonach der Dollar um 40-45 % abgewertet werden müsste, um die amerikanische Leistungsbilanz bis zum Jahr 2003 ausgleichen zu können.[118] Das Gegenteil ist eingetreten: ein Anwachsen auf etwa 5 % des Bruttosozialprodukts. Analysten schätzten schon Anfang 1999, dass Amerikas Leistungsbilanzdefizit auf über 4 % ansteigen wird. Ein solcher Wert wird für ein Industrieland allgemein als bedrohlich angesehen.

Wenn nun das Defizit nicht weiter vom Ausland finanziert wird, müsste es zu einem Dollarsturz kommen, der eine Kapitalflucht aus den USA auslösen würde. Gleichzeitig müsste das den Renten- und Aktienmarkt unter Druck bringen. Schon eine milde Baisse an der Wall Street würde jedoch die Konjunktur dämpfen und die Wirtschaft in eine Rezession abgleiten lassen. Dies könnte die Baisse noch verstärken und die Wirtschaft in eine lange Rezession abgleiten lassen.[119] Der Dollarabfall würde für die Welt eine ernste Währungskrise auslösen, weil an vier Fünfteln der Währungstransaktionen der Dollar beteiligt ist. Darüber hinaus lauten 45 % der internationalen Anleihen auf Dollar.[120] Wie drängend das Problem des überbewerteten Dollars ist, belegt eine Warnung der Bank für internationalen Zahlungsausgleich (BIZ) Mitte des Jahres 2000: Die BIZ wies darauf hin, dass sich in einem Kurssturz des Dollars alle Schwachstellen unseres Kapitalsystems kumulieren könnten. Dabei erwartet die BIZ wegen der unerlässlichen längerfristigen Anpassung der Ungleichgewichte im System „beinahe zwangsläufig erhebliche Veränderungen der Wechselkurse". Eine beträchtliche Aufwertung des Euros (bzw. Abwertung des Dollars) müsste ein Teil des Prozesses sein.[121] Automatisch bedeutet eine Aufwertung des Euros eine Rezession in Europa, weil die Unternehmen nur noch schlecht exportieren können. Wenn der Dollar 10 % fällt, dann reduziert sich beispielsweise der Gewinn von Daimler um 20, der von Siemens um 15-20 und der von VW um 15 %.[122]
Ein Szenario, welches das Absinken des Dollars weiter verstärken oder auslösen könnte, findet sich in Japan.

Japan: Es besteht die Befürchtung, dass Japan massiv Geld aus den USA abziehen und damit den Dollar unter Druck bringen könnte. Seit Mitte der 90er Jahre wurden massiv Dollaranlagen aus Japan in den USA aufgebaut. Ein Abzug dieser Gelder würde den Dollar massiv absinken lassen und eine Rezession auslösen.[123] Eine weitere Gefahr kann in der deutlichen Neuverschuldung des japanischen Staates gesehen werden. Um ein großangelegtes Konjunkturprogramm zu finanzieren, gibt Japan in großem

Stil neue Anleihen heraus. Dadurch wird der Zinssatz nach oben getrieben. Durch steigende Zinsen wird die japanische Währung interessanter und Geld aus anderen Nationen, vor allem aus Amerika, abgezogen. Ein Dollarabfall wäre die Folge.[124] Japan verfügt über etwa ein Drittel aller Sparguthaben der Welt und weist zudem einen starken Leistungsbilanzüberschuss auf. Wird beispielsweise nun Amerikas Leistungsbilanzdefizit nicht mehr durch japanische Gelder finanziert, so kann daraus eine Dollarabwertung und eine Yenaufwertung entstehen.[125] Die Folgen wären fatal: Japans Exporte müssten zusammenbrechen und Amerikas Konjunktur in eine Rezession driften.
Doch nicht nur aus den USA oder Japan drohen Währungskrisen, sondern vor allem die Einführung des Euros bringt Ihr Erspartes in Gefahr.

Europa, Euro: Für Ihr Vermögen stellt die Einführung des Euros die größte Bedrohung dar. Die Gefahr besteht in der unterschiedlichen wirtschaftlichen Entwicklung der Staaten in der Eurozone. Durch Fehlen von Wechselkursen bauen sich Spannungen auf, welche sich in einer Krise entladen. Besonders in einem krisenhaften Umfeld gerät der Euro in Gefahr. Schon nach Beginn der Russlandkrise wurde gegen europäische Währungen, wie die Lira, die Peseta und die Finnmark, spekuliert. Die Notenbanken mussten mit Hilfe von befreundeten Geschäftsbanken intervenieren.[126] Der Euro ist damit von vornherein instabil, und der Nobelpreisträger Milton Friedman prophezeite bereits, dass Euroland innerhalb von fünf bis 15 Jahren auseinanderbrechen wird.[127] Weil eine Krise sofort das Vertrauen in den ungeliebten Euro wie in die Zentralbank untergraben wird, hat dies fatale Konsequenzen. Für Banken, welche ein starkes Engagement im Ausland haben, könnten solche Veränderungen den Bankrott bedeuten. Doch auch der Euro an sich erhöht das Risiko für eine Bankenkrise deutlich. *So erklärte die EZB, dass der Euro die Banken empfindlicher gegen Schocks durch andere Länder mache.* Besonders das riesige Volumen von ungesicherten Finanzkontrakten der Banken untereinander (ca. 400 Mrd. Euro) stelle ein großes

Risiko dar. Hinzu komme, dass immer größere Banken immer höhere Summen umschlagen.[128]
Durch den Euro ist die Sicherheit ihres Ersparten damit, entgegen den Versprechen der Eurobefürworter, kleiner geworden. Der Ausfall einer Großbank könnte schon eine Bankenpleitewelle hervorrufen, in der Sie Ihr Geld verlieren. Doch sollte diese Erkenntnis den Anleger nicht zu der falschen Schlussfolgerung verleiten, dass die Anlagen in Amerika sicher seien. Wie wir später noch sehen werden, handelt es sich bei diesem Effekt um eine bewusste Marktmanipulation, um durch einen steigenden Dollar, Kapital in den USA zu binden und einen Crash hinauszuschieben.

„Alle Welt schaue gebannt auf die Schuldenkrisen in Asien, Südamerika und Osteuropa. Dabei gehe es dort `nur' um Summen von rund 2000 Milliarden Dollar. Die Industrieländer säßen auf einem Schuldenberg, der mit rund 58.000 Milliarden Dollar dreißigmal höher sei. ... Heute betrage die Gesamtverschuldung der wichtigsten Industrieländer durchschnittlich knapp 200 Prozent zum Bruttosozialprodukt; kurz vor der Depression der 30er Jahre seien es lediglich 130 Prozent gewesen. ... Jede Rezession bringt diesen Schuldenturm zum Einsturz. Wir sind zum Wachstum verdammt, sonst können wir die andauernd steigende Schuldenlast nicht mehr bezahlen."
Eckart Langen von der Glotz, PSM Vermögensberatung[129]

Szenario 5: Schuldenkrise

Die Schuldenkrise stellt wie die vorangegangenen Szenarien eine zwangsläufig auftretende Gefahr für Ihr Vermögen im heutigen System dar. Im Zinssystem ist es, rein logisch betrachtet, nur eine Frage der Zeit, bis eine Schuldenkrise ausbricht. Die Verschuldung steigt zwangsläufig weltweit immer schneller an. Zunehmend fällt es den Nationen schwerer, die Zinslast zu tragen. Dabei sind manche Staaten im Zerfallsprozess weiter fortgeschritten als andere. Wie groß das Risiko einer plötzlich ausbrechenden Schuldenkrise ist, wird anhand der beispielhaften Verschuldung einiger Länder klar. Dabei wird deutlich, dass es sich bei der Überschuldung nicht um das Problem einiger weniger Nationen handelt, sondern bereits die ganze Welt von einer Schuldenkrise erfasst ist. Da macht auch Deutschland keine Ausnahme.

Deutschland: Wie sich die Staatsverschuldung in Deutschland entwickeln könnte, zeigte eine Studie von Goldman Sachs, welche das ehemalige Zentralbankmitglied Jochimsen 1998 vorstellte: Aufgrund der demographischen Probleme könnte sich die Staatsverschuldung bis zum Jahr 2030 auf über 200 % des Bruttosozialproduktes und die Neuverschuldung auf rund 16 % erhöhen.[130] Zur Zeit kann die Neuverschuldung bereits nicht mehr eingedämmt werden, jedoch wird es massive Probleme geben, wenn der Zinssatz wieder ansteigt. Eine Erhöhung des Zinssatzes um nur einen Prozentpunkt würde für den Bund zusätzliche Zinslasten von 13 Mrd. Euro pro Jahr bedeuten. Die gesamte Bundesschuld muss daher innerhalb der nächsten Jahre komplett umfinanziert werden.[131] Ähnlich liegen die Probleme in den USA.

USA: Trügerisch ist es, auf die „Weltwirtschafts-Lokomotive" zu vertauen. Da die Gesamtvermögen immer gleich den Gesamtschulden sind, müssen bei einem Rückgang der Staatsverschuldung die Verpflichtungen der privaten Haushalte und der Unternehmen umso stärker ansteigen. Dabei ist die Gefahr einer Schuldenkrise keinesfalls geringer als bei exzessiver Neuverschuldung der Regierung. Ende 2001 erreichte der amerikanische Schuldenberg mehr als 31 Bio. Dollar. Da die Zinsen nun gegen Null gesunken sind, vergrößert sich das Problem mit zunehmender Zeit eher, da der Zinsspielraum ausgereizt ist. Die Schulden steigen in den USA wesentlich schneller als die Wertschöpfung.[132] Zu Recht hat der Chefvolkswirt der EZB, Otmar Issing, Ende Oktober 2003 die amerikanische Fiskalpolitik in ungewöhnlich scharfen Worten kritisiert. Die amerikanische Budgetpolitik sei langfristig nicht durchhaltbar, meinte er in Anspielung auf die Haushaltsplanungen 2003/04 mit 500 Mrd. Dollar Defizit entsprechend 5 % des Bruttosozialprodukts. Deutlich wird anhand dieser Zahlen, dass Amerika zwangsläufig in eine Schuldenkrise manövriert.

Aber auch die zweitgrößte Industriemacht Japan ist extrem überschuldet.

> *„Japan ist praktisch bankrott. Das Land hat ein riesiges Staatsdefizit. Die öffentliche Verschuldung inklusive Rentenverpflichtungen beträgt 250 Prozent des Bruttosozialprodukts. Wenn Sie die bankrotten Banken und Rentenfonds hinzuzählen, erreicht sie 300 Prozent. Daneben sieht Italien wie eine Insel der Solidität und Stabilität aus."*
>
> *Prof. Rudi Dornbusch, Ökonom* [133]

Japan: Die Rating-Agentur Moodys warnte bereits 1999 vor einer explodierenden Verschuldung in Japan und wies darauf hin, dass nie zuvor in einem industrialisierten Land oder einem Emerging Market solch eine hohe Verschuldung verzeichnet worden sei.[134] Die Staatsschuld stieg von rund 50 % des Bruttosozialprodukts im Jahr 1989 auf über 140 % Ende 2000, was zur Folge hat, dass über 60 % der Steuereinnahmen nur für Zinsen auf die Staatsschuld gezahlt wurden.[135] Auch ist effektiv keine Besserung der konjunkturellen Lage in Japan erkennbar. Doch trotz der stark angespannten Situation investieren immer mehr Anleger in Japan.

Ablauf: Die Entwicklung ist so denkbar, dass ein hochverschuldetes Land die Kredite nicht mehr bedienen kann und deshalb die Zahlungsunfähigkeit erklärt. Schnell verlieren die weltweiten Gläubiger das Vertrauen in Staatsanleihen auch anderer Länder. Die große Gefahr einer Schuldenkrise besteht darin, dass es zu einem sogenannten Credit Crunch (Zermalmen von Krediten, Kreditklemme) kommen kann. Diese Bedrohung bestand nach der Ankündigung Russlands im Herbst 1998, seine Anleihen nicht mehr zuverlässig bedienen zu können. Credit Crunch bedeutet, dass Gläubiger sich weigern, überhaupt Kredite, auch an solvente Schuldner, zu vergeben, aus Angst vor dem Totalverlust der Forderung. Damals machte sich die beginnende Entwicklung in einer Ausweitung der Zinsdifferenzen zwischen Schuldnern erstklassiger Bonität und solchen aus der zweiten und dritten Reihe bemerkbar. Die BHF-Bank erklärte damals sogar, dass diese Kreditklemme zum Auslöser einer globalen Krise diese Kreditklemme zum Auslöser einer globalen Krise werden könnte. Für Schuldner mit geringerer Bonität bestand damals selbst zu Höchstzinsen kaum eine Möglichkeit, einen Kredit zu bekommen. Das Emissionsvolumen sogar erstklassiger Anleihen sank von 714 Mio. Dollar auf 120 Mio. pro Tag.[136] Die Gefahr einer Kreditklemme besteht darin, dass der Geldkreislauf komplett zum Stocken kommt und sich eine Deflation, wie in Szenario 3 diskutiert, entwickelt.

Schlussfolgerung: Deutlich wird, dass kein Land von einer Schuldenkrise sicher ist. Viele Staaten scheinen nicht mehr in der Lage, ihre Schulden je wieder abzubauen. Dabei sind jedoch manche Staaten weiter im Schuldensystem verstrickt als andere. Sie sollten deshalb unbedingt Geldanlagen in unsicheren Staaten vermeiden.

„Wir waren ganz dicht an einer Kernschmelze des internationalen Finanzsystems, des gesamten Bankensystems. Es war wirklich furchterregend. Die Russen wurden zahlungsunfähig, und der Hedge Fonds Long-Term Capital Management ging fast unter. Wenn die New Yorker Zentralbank nicht eingegriffen hätte, wären Kreditrisiken entstanden, auf die niemand vorbereitet war."
George Soros, Spekulant zur drohenden Wirtschaftskrise 1998 [137]

Diskussion verschiedener Szenarien

Wie wir gesehen haben, bestehen für unser Wirtschaftssystem mehrere unterschiedliche Bedrohungen. Dabei werden die einzelnen Szenarien sicher nicht streng abgegrenzt für sich allein ablaufen, sondern es wird zu einer Kombination und damit Steigerung der Bedrohungen kommen. Beispielsweise besteht einmal die Gefahr eines Aktiencrashs, welcher eine Deflationsspirale in Gang setzen könnte, woraus sich wieder neue Währungsverwerfungen entwickeln könnten, wodurch eine Schuldenkrise entstehen würde, da viele Staaten durch den Währungsverfall ihre Kredite nicht mehr bedienen können. Jedoch ist auch die Möglichkeit einer Währungskrise denkbar, welche einen Aktiencrash auslösen, damit eine Deflationsspirale starten und zunehmend Schuldner dem Bankrott ausliefern könnte. Auch die Entwicklung einer Deflation und damit Aufwertung der Verpflichtungen, welche eine Schuldenkrise auslösen, ist denkbar. Es gibt damit verschiedenste Kombinationsmöglichkeiten zwischen den einzelnen Szenarien. Wichtig ist es jedoch, zu erkennen, dass in jedem Fall das persönliche Vermögen bedroht ist, sobald die Krise eine bestimmte Größe überschreitet. Auffällig ist, dass alle Szenarien, ausgenommen die Hyperinflation, in einer Deflation enden. Dies hängt, wie wir gesehen haben, mit der Konstruktion unseres Geldsystems zusammen. Da Geld nicht wie die Ware oder die Arbeit einem Angebotszwang unterliegt, zieht es sich sofort aus dem Markt zurück, sobald die wirtschaftliche Entwicklung Unsicherheiten aufweist. Eine Finanzkrise entwickelt sich dabei im Allgemeinen so schnell, dass keine Zeit bleibt, sich langfristig in der Krise darauf einzustellen. Deshalb sollten Sie sich vor dem Beginn eines Krisenszenarios Gedanken über die Sicherheit Ihres Vermögens machen.

„Ratlosigkeit und Unzufriedenheit sind die ersten Vorbedingungen des Fortschritts." Thomas A. Edison

Auswirkung auf Anlageformen

Nach der grundlegenden Kenntnis des Finanzsystems und der Aufstellung mehrerer Szenarien für die künftige Entwicklung ist es für Ihre Vermögensplanung entscheidend, welche Auswirkungen auf die wichtigsten Geldanlagen zu erwarten sind. Das obige Schema dient für Sie als kleine Übersicht über das Verhalten von Geldanlagen in den verschiedenen Szenarien.

Anlage	Szenario 1 Boom	Szenario 2 Crash	Szenario 3 Deflation	Szenario 4 Währungskrise	Szenario 5 Schuldenkrise
Bargeld	O	+	+	O	+
Schulden	O	-	-	O	-
Aktien	+	-	-	-	-
Anleihen	O	-	-	-	-
Sparbuch	O	O	O	O	O
Lebensversicherung	+	-	-	-	-
Immobilien	O	-	-	O	-
Gold	-	+	-	+	+
Auslandsanlagen	+	-	-	-	-
Fonds	+	-	-	-	-

+ gut o neutral – schlecht

Voraussetzung: Krisen laufen in reiner Form ab

„Falls und sobald das Wachstum der amerikanischen Binnenwirtschaft sich verlangsamt, wird auch die Bereitschaft abnehmen, ein großes Handelsdefizit zu tolerieren, und das könnte den freien Handel erheblich gefährden." George Soros, Spekulant

Marktbeeinflussung

Bevor wir die einzelnen Anlageformen näher betrachten, ist es interessant, die Marktbeeinflussung zu beobachten, um eine realistische Vorstellung vom Ablauf zu entwickeln und vor dem Crash gewarnt zu sein. Der Markt wird hauptsächlich durch drei Faktoren bestimmt:

- Angebot und Nachfrage
- Zinseszinsmechanismus
- Marktmanipulation

Marktwirtschaft und Kapitalismus
Die meisten Menschen denken, dass der Markt nur von Angebot und Nachfrage beherrscht wird. Dies ist in manchen kleineren Bereichen sicher immer noch so (Gemüsemarkt), jedoch wird dieser eigentliche Marktfaktor im kapitalistischen System neben der Sozialstaatsidee zunehmend durch den Zinseszinsmechanismus überlagert.
Am Start eines Wirtschaftssystems ist der Kapitalanteil (Zinslast der Volkswirtschaft) in einem Land noch klein – der Markt wird von Angebot und Nachfrage geregelt. Mit zunehmender Zeit jedoch steigert sich dieser Anteil etwa exponentiell nach der Zinseszinsrechnung, weil die Unternehmen infolge steigenden Angebots mehr Kredite aufnehmen, um im expandierenden System überleben zu können. Die steigenden Zinslasten können anfangs noch durch ein kräftiges Wirtschaftswachstum ausgeglichen werden, mit zunehmender Zeit jedoch fallen die Wachstumsraten durch Marktsättigung und Wettbewerb, weshalb die Kapitalkosten für alle Unternehmen zum entscheidenden Faktor werden. In diesem Stadium wird die Marktwirtschaft (Regelung durch Angebot/Nachfrage) durch den Kapitalismus (Regelung nach der Rendite) abgelöst. Letztendlich ist solch ein System zum Zusammenbruch verurteilt, weil die gesamte Wirtschaftsleistung immer mehr durch die Zinslasten getrieben wird.

Vermögenskonzentration

Der Zinseszinsmechanismus führt im weiteren Verlauf zu einer Konzentration von Vermögen (= Marktmacht) in wenigen Händen, weil sich die Kapitalerträge aus der Wirtschaftsverschuldung zunehmend bei weniger Marktteilnehmern konzentrieren. Diese Institutionen können den Markt damit aktiv zu ihren Gunsten manipulieren. Daneben beteiligen sich auch Notenbanken und Staaten an der Manipulation (beispielsweise Russland, welches durch Zurückhalten den Palladiumpreis explodieren lässt, oder die OPEC im Ölbereich). Da sich im Zinssystem alles tendenziell exponentiell entwickelt, verschiebt sich die Marktregelung zunehmend weg von Angebot und Nachfrage zu den Faktoren Zinseszinsbeeinflussung und Manipulation. In einer wirklichen freien Marktwirtschaft würde tatsächlich der Markt nur durch Angebot/Nachfrage zum Nutzen aller geregelt werden, doch kann davon heute keine Rede sein.

Geldanlage

Wer den Zinseszinsmechanismus nicht kennt, hat keine Chance, je die kommenden Entwicklungen abzuschätzen. Eine gründliche Beschäftigung mit dem Zinsmechanismus ist deshalb Grundvorrausetzung für eine erfolgreiche Prognose. Es wird deutlich, dass unser Markt tatsächlich zum guten Teil manipuliert ist und alle Institutionen darauf aus sind, das überfällige Platzen des Ballons möglichst zu verschieben. Es scheint auch keine andere Möglichkeit mehr im Finanzwesen zu geben, da eine wirkliche Systemstabilisierung offenbar nicht in Erwägung gezogen wird. Damit müssen immer weitere Teile des Marktes kontrolliert werden, um ein Platzen der Spekulationsblase hinauszuschieben. So wurde beispielsweise der hochschießende Goldpreis im Herbst 1999 und wieder Anfang 2000 durch Notenbanken heruntergedrückt. Ähnlich sieht es auch auf dem Aktienmarkt aus: Als im Jahr 2002 ein Crash drohte, stieg der DAX urplötzlich von einem Rekordverlust von 7 % zu einem Gewinn von 3 % an. Die Commerzbank erklärte später, dass hier vermutlich die Aktienkurse künstlich gestützt wurden, weil in Amerika das Plunge Protection Team – eine ge-

heime Organisation, die durch Aufkaufen von Aktien einen Crash verhindern soll – eingegriffen hätte.[138] Genauso wird vermutlich der Dollarkurs künstlich auf einem überbewerteten Niveau gehalten. Nur so konnte bisher vermutlich ein Kapitalabfluss und Zusammenbruch in Amerika abgewendet werden. Dass bei diesen Aktionen allerdings die spekulative Blase nur noch größer und damit der Knall (Crash) umso lauter und härter werden wird, scheint niemanden zu beunruhigen. Was meinen Sie, warum für Aktien breite Werbung gemacht wird? Warum wurde beispielsweise für die Infineon-Aktie weiter geworben, als diese bald 30-fach überzeichnet war? Wirklich lukrative Anlagemöglichkeiten werden „unter der Hand" gehandelt, da ein Einstieg der Masse die Rendite gefährden würde. Sie müssen sich über eines klar werden: Niemand hat ein Interesse daran, dass Sie reich werden, viele jedoch daran, dass Sie Ihr Vermögen verlieren!
Nach dieser Betrachtung stellt sich die Frage nach der Verteilung des gesamten Geldvermögens in Deutschland auf unterschiedliche Anlageformen und deren Veränderung im Lauf der Zeit.

Verteilung des Geldvermögens

In einer Studie über die Vermögenssituation seit Beginn der 90er Jahre beschrieb die Deutsche Bundesbank, dass der private Vermögensaufbau zunehmenden Belastungen ausgesetzt sei. Die Haushalte gingen in der Regel davon aus, dass steigende Verluste durch Steuern und Abgaben nur vorübergehend wären. Dementsprechend wird der hohe Konsum nicht geändert. Durch eine Abnahme der Arbeitseinkommen (zunehmende Arbeitslosigkeit) und rückläufige Zinseinnahmen kleiner Ersparnisse wird die Vermögensbildung der mittleren und unteren Haushalte zunehmend schwieriger. Insgesamt wurde eine Reduzierung des Geldvermögensaufbaus zugunsten einer Hinwendung zu Immobilien festgestellt. Seit den 60er Jahren war beim Geldvermögen ein Rückgang der Spareinlagen und eine Zunahme der Geldanlagen bei Versicherungen zu verzeichnen (Abb. 16). Seit 1993 war au-

ßerdem ein deutlicher Zuwachs von Anlagegeldern in Aktien- oder Investmentfonds zu verzeichnen. Trotz Finanzkrisen floss immer mehr Geld direkt oder indirekt in die Aktie. Etwa ein Zehntel der Geldvermögensbildung wurde seit 1991 in Aktien angelegt. Obwohl das Zinsniveau auf durchschnittlich 4,5 % sank, war die Realverzinsung durch den Rückgang der Inflation mit 2,75 % erheblich besser als in der Zinshochphase von 1991. Das private Gesamtvermögen betrug in Deutschland schon 1997 gut 7 Bio. Euro, wovon 60 % auf Immobilien und 40 % auf Geldvermögen entfielen. Zusammengenommen entsprachen die Bruttovermögen etwa dem Sechsfachen des Jahreseinkommens.[139] Berücksichtigt werden muss, wie im Kapitel über Vermögensverteilung diskutiert, dass sich das Vermögen sehr ungleich auf die Bevölkerung verteilt. Der Anteil der meisten Menschen am Gesamtvermögen wird immer kleiner, während der einer Minderheit wächst. Beispielsweise hat sich das Finanzvolumen der weltweit nahezu 6 Mio. vermögenden Privatanleger (über 1 Mio. Dollar) im Jahr 1998 um 12 % auf 21,6 Bio. Dollar vergrößert.
In den nächsten Jahren wird ein jährliches Wachstum dieses Vermögens von 9 % erwartet.[140] Damit verbunden ist ein entsprechender Verlust bei anderen Gesellschaftsschichten.
Der größte Anteil von Kapitaleinkünften stammte 1997 aus festverzinslichen Wertpapieren (38,6 Mrd. Euro), Versicherungen (32,8 Mrd. Euro) und Spareinlagen (19,2 Mrd. Euro). Insgesamt vollzog sich in der Anlagestruktur des Geldvermögens eine Verschiebung von Geldvermögen mit schneller Zugriffsmöglichkeit, wie beispielsweise Sparanlagen zu langfristig festgelegtem Vermögen (Lebensversicherungen). Gleichzeitig erhöhte sich der spekulative Bereich stark zugunsten von Investmentfonds. Mehr als 40 % der Geldvermögensbildung sind allein im Jahr 2001 auf Investmentfonds entfallen.[141] Für das Krisenszenario ist damit mehr Geld spekulativ als auch langfristig gebunden als früher. Im Krisenfall könnte sich dieser Anteil, wie wir noch sehen werden, als kritisch erweisen. Nach Betrachtung der allgemeinen Entwicklung sollten Sie sich über Ihre Ausgangssituation im klaren werden.

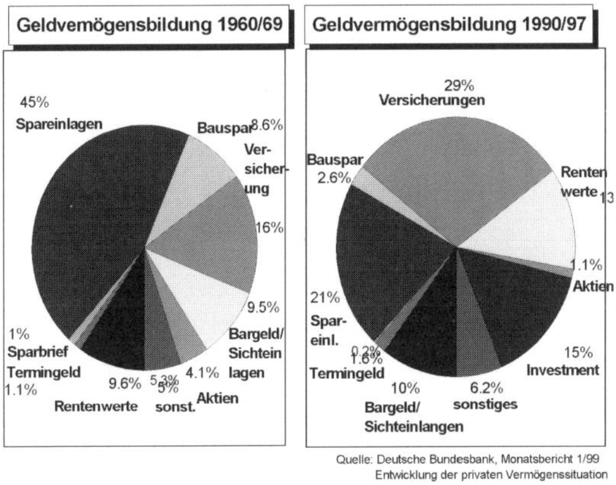

Abb. 16: Geldvermögensverteilung 1960/1969 und 1990/1997 in %

Ausgangssituation persönliche Vermögensbildung

Für die Entwicklung einer Krisenstrategie ist für Sie Ihre Ausgangssituation wichtig. Wollen Sie neues Vermögen bilden oder haben Sie schon Vermögen, welches abgesichert werden soll? Wenn Sie erst Vermögen aufbauen wollen, empfiehlt sich für Sie von vornherein die Auswahl krisensicherer Anlageformen. Bei vorhandenem Vermögen stehen Sie vor der Frage, dieses entweder in sicherere Formen umzuschichten oder in der bisherigen Struktur zu belassen und zusätzlich abzusichern. Hier spielen oftmals auch persönliche Gründe eine entscheidende Rolle. Jemand, der beispielsweise eine fremdvermietete Immobilie geerbt hat, wird diese nicht unbedingt in Erwartung einer Krise verkaufen und in andere Geldanlageformen umwandeln. Letztlich ist es auch wichtig für Sie, sich in mehreren Anlagesektoren zu engagieren und damit das Risiko zu streuen. Trotzdem sollte jede Vermögensanlage für sich in gewissem Maße abgesichert sein. Um durch eine Krise in den besprochenen Szenarien zu kommen, ist immer ein Mindestbestand an liquiden Mitteln, also Geldanlageformen mit schnellem Zugriff nötig. Mit diesen Geldanlagen sollten Sie mehrere Jahre, bei sparsamem Lebensstandard ohne

Einkommen, überbrücken können. Was über diesen liquiden Mindestbestand hinausgeht, kann in anderen abgesicherten Anlageformen investiert werden. Vor der genaueren Analyse verschiedener Anlageformen im Krisenszenario sollten Sie Ihre gewählte Anlagebank genauer betrachten.

Banken für die Vermögensanlage

Für die Geldanlage spielt die Bank als Mittler eine entscheidende Rolle. Es stellt sich die Frage, welche Banken für Ihre sichere Vermögensanlage zu empfehlen sind. Generell sollte die gewählte Bank über eine weitreichende Absicherung für Zweigstellen, bei auftretenden finanziellen Schwierigkeiten verfügen. Auch sollten die gewählten Anlageformen hinsichtlich einer Pleite der Anlagebank abgesichert sein. Experten wiesen bereits darauf hin, dass in Zukunft durch einen schärferen Wettbewerb erheblich häufiger mit Bankinsolvenzen zu rechnen sei als heute.[142] Weiterhin sollte die Bank möglichst wenig spekulativ auf dem Kapitalmarkt engagiert sein. Schon in der Asienkrise kamen mehrere Großbanken in Deutschland ins Gerede, weil bekannt wurde, dass große Summen in kritischen asiatischen Staaten investiert wurden. Im Krisenszenario bestünde die Gefahr, dass die Vermögen nicht mehr ausgezahlt werden können, da die Verluste der Bank auf dem Kapitalmarkt enorme Ausmaße angenommen haben.

Nicht zu vernachlässigen ist auch der starke Anstieg von „faulen Krediten", beispielsweise im amerikanischen Bankensystem. Bereits im November 2000 erklärten zwei amerikanische Großbanken (darunter das größte US-Kreditinstitut Bank of America), dass es Probleme mit den Krediten an einige Großunternehmen gäbe. Bedenklich wäre eine daraus entstehende Bankenkrise für uns vor allem deshalb, weil deutsche Großbanken erheblich in amerikanischen Instituten investiert sind. Ein Bankenanalyst von J. P. Morgan warnte deshalb: „Wer besorgt ist um die US-Wirtschaft, sollte von einigen europäischen Banken die Finger lassen." Gemeint waren deutsche, französische und niederländische Banken. Der Analyst stellt fest, dass Investitionen der Großbanken in Nordamerika durchschnittlich 10 %, teilweise sogar 71 % des Anlagevolumens europäischer Banken ausmacht.[143] Die Probleme vor allem deutscher Banken verschärften sich Ende 2002, als die Kreditwürdigkeit für Großbanken immer schlechter beurteilt wurde.[144] Wenig bekannt ist, dass bereits zwischen 1994 und 2000 im Schnitt 40 % der Gewinne aus dem Bankgeschäft durch faule Kredite aufgefressen wurde. Das bedeutet, dass die Banken erst recht in einer Wirtschaftskrise in erhebliche Schwierigkeiten kommen werden. Die Entwicklung zeichnete sich auch daran ab, dass es noch nie in der bundesdeutschen Geschichte seit 1948 so viele Pleiten und Beinahe-Pleiten von Kreditinstituten gegeben hat wie im Jahr 2002.[145]

Als vermutlich sichere Banken sind einmal die Sparkassen zu nennen, da sie (noch) von der jeweiligen Stadt bzw. dem Kreis gestützt werden. Außerdem sind diese Banken nur wenig spekulativ mit dem Kapitalmarkt verbunden. Nachteilig könnte sich im Krisenfall auswirken, dass überwiegend Kleinkunden dort vertreten sind und die Finanzkraft deshalb schnell erschöpft sein könnte.

Der sicherheitsbewusste Anleger verteilt sein Vermögen deshalb auf mehrere unterschiedliche Banken. Es empfehlen sich öffentliche Banken und Großbanken. Bei jeder Bank sollte auch ein Girokonto eröffnet werden, um im Krisenfall das Vermögen schnell realisieren zu können. Weiterhin ist wichtig, dass die Bank auch professionell am Kapitalmarkt handeln kann. Transaktionen müssen sofort durchführbar und das Personal kompetent sein. Eine Bank, welche sich erst Auskünfte von der Zentrale kommen lassen muss oder die nicht weiß, wie man zum Beispiel einen Optionsschein am Verfallstag an den Emittenten zurückgibt, können Sie getrost vergessen. In diesem Zusammenhang sollten Sie Online Broker meiden, da im Crashfall einmal das Internet zusammenbrechen könnte und zum Zweiten schon unter normalen Bedingungen die Banken teils nur schwierig zu erreichen sind.[146]

In der Argentinienkrise im Jahr 2001/2002 hat sich gezeigt, dass in einer Krise viele kleine Anlagekonten besser sind als wenige

große. Dort wurden schnell alle Konten über 15.000 Dollar komplett gesperrt. Auf kleinere Anlagebeträge konnte mit 1000 Dollar pro Monat zurückgegriffen werden.
Fragen Sie auf jeden Fall nach, in welchem Umfang Ihr Geld durch den Einlagensicherungsfonds abgesichert ist!
Die Bank sollte auch über eine möglichst jederzeit für Sie zugänglichen Schließfachanlage verfügen (siehe Krisenplan). Die Schließfächer müssen auch dem Wertinhalt entsprechend hoch versichert werden können. Vermeiden sollten Sie in diesem Zusammenhang langwierige, fruchtlose Diskussionen über Krisenszenarien mit Bankangestellten. Oftmals kennen diese nur die Empfehlungen und extrem optimistischen Annahmen, welche ihnen von der Bank zur Verfügung gestellt werden. Hierin wird selbstverständlich jede Art von Krisen ausgeschlossen. Man handelt sich bei solchen Gesprächen nur den Vorwurf ein, ein verschrobener Pessimist zu sein.

- Die Bank soll wenig in Spekulationen verwickelt sein.
- Absicherung der Anlageformen gegen Bankpleite
- Vermögen auf verschiedene Banken verteilen
- Viele kleine Anlagekonten sind besser als wenige große.
- Versicherte Schließfachanlage

Bargeld/Geldforderungen

Am Anfang der Anlageformen steht das Bargeld. Bargeld ist gewissermaßen die Grundform der Geldanlagen, auf welche alle anderen aufbauen. Damit ist Bares von vornherein die liquideste Anlageform mit dem schnellsten Zugriff. Denn es gibt einen entscheidenden Unterschied zwischen Bargeld und damit aufgebauten Geldforderungen.
In der Vergangenheit wurde der Anleger, welcher sein Erspartes in Bargeld anlegte, allgemein als dumm eingeschätzt. Alte Men-

schen, welche ihre Rücklagen aufgrund schlechter Erfahrungen in der letzten Krise zuhause aufbewahrten, wurden als rückständig bezeichnet. Über viele Jahre wurde den Sparern beigebracht, weniger auf Liquidität bzw. schnelle Zugriffsmöglichkeit zu achten, sondern eine maximale Rendite zu erwirtschaften. Im Krisenszenario spielt jedoch für Sie die Rendite keine Rolle mehr, da der Totalverlust droht. Wichtig für Sie ist dann die Liquidität oder die schnelle Zugriffsmöglichkeit auf Ihr Vermögen. Bargeld ist die Anlage mit der höchsten Liquidität und kann sofort strategisch günstig eingesetzt werden.

Den wenigsten Menschen ist aber der Unterschied zwischen Geld und Geldforderungen bekannt. Geld sind die Scheine und Münzen, gegen die im Laden Waren gekauft werden können. Geldforderungen sind auf dem Papier oder im Computer verbuchte Guthaben und werden deshalb auch Buchgeld genannt. Unter Geldforderungen fallen demnach alle Anlageformen, wie Anleihen, Schuldverschreibungen, Sparbuch, Kreditkarten und auch das Girokonto. Geld ist ein Dokument, welches die Kaufkraft verbrieft. Geldforderungen sind Versprechen des Geldinhabers, dieses wieder zurückzuzahlen. Wird dieses Versprechen gebrochen, so verliert die Geldforderung an Wert. Eine Anleihe eines bankrotten Staates beispielsweise ist völlig wertlos.

Die für die Wirtschaft entscheidende Größe sind nicht die Zahlungsversprechen, sondern die verbrieften Rechte. Wichtig ist, dass Geldforderungen zwar den Zahlungsverkehr erleichtern, beispielsweise indem Beträge elektronisch überwiesen werden können, statt umständlich transportiert zu werden, jedoch keinen Einfluss auf den Preisstand und damit auf die wirtschaftliche Entwicklung haben. In einer empirischen Untersuchung der Gesamthochschule Siegen wurde erkannt, dass nur das umlaufende Bargeldvolumen einen Einfluss auf die Preisentwicklung hat, sich jedoch keine Korrelation zum Sichtguthaben finden ließ.[147]

Bedenken sollten Sie, dass im Krisenszenario alle Ihre Geldforderungen mehr oder weniger kritisch werden, weil nicht klar ist, welche Verbindlichkeiten noch zurückgezahlt werden können und welche nicht. Einzig Ihr Bargeld genießt dann noch Vertrau-

en. Das bedeutet, dass es in der Krise für Sie wichtig ist, Ihre Geldforderungen schnell in Geld umzuwandeln, was jedoch nur bei liquiden Anlagen möglich ist. Wenn eine Krise einmal voll ausgebrochen ist und von jedermann erkannt wurde, besteht für Sie meist keine Möglichkeit mehr, Ihre Geldforderungen umzuwandeln.
Es spielt hier übrigens keine Rolle, ob man von einer kommenden Deflation oder einer Inflation ausgeht. In der Deflation kommt es zu Bankpleiten, welche Ihr Erspartes bedrohen, in der Inflation kann Ihr langfristig angelegtes Geld nicht schnell genug in Sachwerte umgesetzt werden und verfällt damit.
Deutlich wurde der Liquiditätsaspekt wieder bei der russischen Finanzkrise im Sommer 1998: Innerhalb kurzer Zeit wurden die Bankkonten der Anleger in Russland gesperrt, um die Bankenliquidität nicht zu gefährden. Obwohl die Kunden einen Anspruch auf die Auszahlung von Dollar oder D-Mark hatten, war diese nicht möglich. In der Folge wurden die Bankautomaten gestürmt. Die Bargeldmenge, welche mittels Karte entnommen wurde, stieg auf das 150-fache des üblichen Volumens. Bereits nach kurzer Zeit wurden jedoch auch die Automaten für die Geldausgabe gesperrt.[148] Im weiteren Verlauf verschwand jedes Bargeld, auch der Rubel, vom Markt.[149] Das gleiche wiederholte sich wieder bei der Argentinienkrise, als die Einlagen auf Konten einfach gesperrt wurden.
Welche herausragende Bedeutung Bargeld hat, haben Sie vielleicht schon erlebt, wenn Ihr Bankautomat oder Ihre Geldauszahlung am Schalter gesperrt waren, weil der Computer keine Verbindung zum Zentralrechner hatte. Am 1. Dezember 1999 war das gesamte Zahlungssystem der Deutschen Bank durch einen Computerfehler lahmgelegt. Dadurch konnten vorübergehend 35 Mrd. Euro an Verpflichtungen nicht erfüllt werden.[150] Schnell könnten sich durch solch einen zufälligen Ausfall Liquiditätsengpässe mit Bankenpleiten entwickeln.
Noch viel schlimmer wären die Auswirkungen, käme es zu einem von Experten simulierten Angriff von Terroristen auf die Computernetzwerke. In solch einem Fall könnten Sie weder Überwei-

sungen vornehmen noch über Ihr Vermögen verfügen. Dann würde jedem der Unterschied zwischen echtem Geld und daraus entstandenen Geldforderungen ins Auge springen. Die Losung lautet darum wieder: *Nur Bares ist Wahres!*
Ähnlich sieht es auch dann aus, wenn es in einer Krise zu vermehrten Bankenpleiten kommt. Schon Ende 2001 warnte der damalige Vorstandssprecher der Deutschen Bank, Rolf Breuer, vor dem Zusammenbruch von Banken und zunehmenden Pleiten.[151] Nehmen solche Bankrotte große Ausmaße an, dann verlieren die Geldversprechen an Glaubwürdigkeit, und Bargeld gewinnt wieder an Ansehen. Das Risiko beim Bargeld besteht lediglich darin, dass es durch Notstandsgesetze in einer Krise plötzlich für ungültig erklärt werden kann, oder ein unerwarteter Zwangsumtausch angeordnet wird. Solch ein Vorgehen war in Russland nach der Inflationsphase 1993 zu beobachten. Damals wurde ein Währungsumtausch so schnell inszeniert, dass die Geschäftsbanken gar nicht genug neue Barmittel besaßen, um den Umtausch voll ablaufen zu lassen. Viele Besitzer von Bargeld verloren große Teile ihres Vermögens. Dieses Risiko könnte man durch ein teilweises Ausweichen auf andere Währungen, insbesondere den Schweizer Franken als Bargeld, mindern. Es gibt auch Hinweise darauf, dass der Bargeldverkehr langfristig sogar völlig eingeschränkt werden soll. So wurde im Mai 2000 beispielsweise in Frankreich ein Gesetz unter dem Vorwand, die Geldwäsche bekämpfen zu wollen, erlassen, welches Privatleuten Barzahlungen über 3000 Euro untersagt.[152] So liquide und nützlich Bargeld in deflationären Krisen ist, sollten Sie sich darüber im Klaren Sein, dass auch Geld letztlich nur bedrucktes Papier darstellt. Deshalb darf in einer Krisenanlage das Vermögen nicht auf eine Karte gesetzt werden. Wenn Sie auf eine teilweise Bargeldanlage setzen, dann sollten Sie darauf achten, dass die Beträge in kleinen Scheinen gehalten werden. In einer deflationären Krise werden überwiegend geringe Beträge gewechselt. Große Scheine werden nicht mehr akzeptiert oder erregen Misstrauen. Aus dem gleichen Grund empfiehlt es sich auch, keine druckfrischen Scheine zu verwenden, sondern möglichst sichtbar benutzte. Die Lagerung

des Geldes muss selbstverständlich sicher, zum Beispiel im Schließfach Ihrer Bank, erfolgen. Unbedingt muss das Schließfach über die Bank ausreichend versichert sein.

- Bargelddepot im Bankschließfach sichert die Liquidität
- Schweizer Franken bar sichert gegen den Euro ab
- Möglichst kleine, benutzte Scheine verwenden

Girokonto

Das Girokonto spielt ebenfalls eine entscheidende Rolle. Es dient gewissermaßen als Bindeglied zwischen Ihren Geldforderungen und Ihrem Bargeld. Wenn Sie beispielsweise Aktien verkaufen, wird Ihnen verzögert das Vermögen auf dem Girokonto gutgeschrieben, und Sie können es als Bargeld abheben. Im Krisenfall muss dieser Vorgang möglichst reibungslos ablaufen, damit Sie schnell zu Ihrem Ersparten kommen. Im Krisenszenario wird unter Umständen die Auszahlung von Ihrem Konto eingeschränkt. Günstig ist es hier, ein Girokonto zu haben, mit dem Sie bei möglichst vielen Filialen auf Ihr Erspartes zugreifen können und so eventuell Abhebebeschränkungen umgehen können. Hier sind oft die Großbanken vorteilhaft. Auch eine Automatenkarte, welche bei mehreren Banken gültig ist, kann hier nützlich sein, solange die Automaten noch arbeiten.

- Girokonto soll bei vielen Filialen zu benützen sein
- Universelle Automatenkarte, welche bei mehreren Banken gilt

Verschuldung

Durch eine aggressive Werbung von Kreditinstituten wurden die Privathaushalte zunehmend zur Verschuldung animiert. Oftmals besteht hier völlige Ahnungslosigkeit über die Folgen im Krisenfall.

Die Verschuldung der privaten Haushalte hat sich in den letzten Jahren enorm gesteigert. Rund ein Drittel der deutschen Haushalte hat Verbraucherkredite aufgenommen. Die durchschnittliche Verschuldung liegt bei über 16.000 Euro. Allein von 1987 bis 1997 haben sich die Konsumentenkredite verdoppelt. In der gleichen Zeit sind die Löhne und Gehälter nur um 67 % gestiegen. Die Zahl der überschuldeten Haushalte lag schon Ende 1997 bei 2,6 Mio., 30 % über dem Stand von 1994.[153] Die Schulden für den Privatkonsum haben sich im Jahr 1998 von 5,5 auf 12,3 Mrd. Euro mehr als verdoppelt.[154] Im Jahr 2001 lagen die gesamten Kredite der privaten Haushalte (einschließlich Hypotheken) bei über 1500 Mrd. Euro und sind damit größer als die gesamte Staatsverschuldung. Rund 2,6 Mio. Privatpersonen gelten als überschuldet. Allein 1999 musste statistisch gesehen alle 39 Sekunden ein Konsument eine eidesstattliche Versicherung abgegeben.[155] Besonders unter Jugendlichen ist die Bereitschaft zur Verschuldung in den letzten Jahren stark angewachsen. Eine Umfrage unter 1000 Schülern hat ergeben, dass sich zwischen 55 und 65 % der Schüler eher verschulden würden als auf etwas zu verzichten.[156] Die wenigsten Menschen sind sich darüber im Klaren, wie lange eine eingegangene Kreditverpflichtung den Schuldner bindet und wie viel mehr er letztlich mit Zins und Zinseszins zurückzahlen muss als er geliehen hatte. Angenommen, Sie hätten für eine Immobilie einen Hypothekenkredit von 150.000 Euro zu 6 % im Jahr genommen. Dann müssten Sie 30 Jahre lang jedes Jahr (bei einer Tilgung von 1,265 %) 10.900 Euro zurückzahlen. Allein an Zins würden Sie komplett 177.000 Euro zahlen. Das bedeutet, für diesen Kredit müssten Sie mehr als den doppelten, ausgeliehenen Betrag zurückzahlen. Im Fall einer Krise, unter den besprochenen Szenarien, würde Ihre Verschuldung einen großen Verlust von Freiheit bedeuten. Sie sind dann auf das Wohlwollen des Gläubigers angewiesen und können keinen eigenen Krisenplan entwerfen. In einer deflationären Phase sinkt Ihr persönliches Einkommen schnell, Ihr Kredit muss jedoch weiter in gleichbleibender Höhe bedient werden. Innerhalb kurzer Zeit können Sie dann möglicherweise den Kredit nicht mehr vorschriftsmäßig bedienen, es kommt zur Zwangsvollstreckung. Doch auch wenn Sie Ihre Verpflichtung weiter erfüllen, besteht Gefahr durch die Schuldverpflichtung. Das meist unterschätzte Risiko der Verschuldung liegt hier für Sie darin, dass die als Sicherheit für die Banken eingetragenen Vermögenswerte in der Deflation rasch an Wert verlieren. Die Bank für internationalen Zahlungsausgleich (BIZ) wies bereits darauf hin, dass sich ein anhaltend sinkendes Preisniveau als gravierendes Problem für die Banken erweisen könnte, wenn die Kreditsicherheiten an Wert verlieren. Die Banken wären dann gezwungen, ihre Kreditpolitik zu verschärfen.[157] Die Kreditinstitute werden, um ihre Zahlungsfähigkeit und die Entstehung „fauler", also ungedeckter Kredite zu verhindern, schnell von der Zwangsversteigerung Gebrauch machen. Da viele Pfandobjekte in der Krise verkauft werden, sinken die Preise drastisch. Bei einer Zwangsversteigerung wird deshalb Ihre Kreditsicherheit weit unter dem heutigen Preis verkauft. Sie haben dann beispielsweise Ihr Haus verloren, bleiben jedoch, da der Verkaufspreis nicht den Kredit abdecken konnte, weiter mit Schulden beladen zurück. Unter Umständen ist im Fall einer schweren Depression auch mit einer Verschärfung der Gesetzeslage zu rechnen, um Banken vor dem Zusammenbruch zu bewahren. Dies würde bedeuten, dass von der Zwangsvollstreckung schneller als heute üblich Gebrauch gemacht würde. Schon heute nimmt der Druck auf Schuldner zu. So beauftragte beispielsweise die Citibank ein Inkassounternehmen, welches die Schulden professionell eintreiben sollte. Ein Aussetzen der Ratenzahlung bewirkte dabei schon die Aufkündigung des Kreditvertrages, mit der Wirkung, dass der gesamte Betrag samt Zinsen fällig wurde. Die hohen Kosten für die Schuldeneintreiber wurden dem Schuldner auferlegt.[158] Genauso ist der Fall bekannt geworden, dass wegen einer Restschuld von nicht einmal 50 Euro ein Haftbefehl zur eidesstattlichen Versicherung erlassen wurde.[159]

In der Krise werden solche Maßnahmen noch deutlich an Schärfe gewinnen, womit Sie als Schuldner einem massiven Druck ausgesetzt sein werden. Jedoch wirkt sich nicht nur die Deflation auf Sie als den Schuldner ungünstig aus, sondern auch die Inflation führt schnell zu untragbaren Bedingungen. Die meisten Menschen verfallen der Annahme, dass eine Inflation ihre Schulden entwerten würde. Jedoch gilt dies allenfalls im seltenen Fall einer Hyperinflation. Bei einer normalen Inflation erhöht sich durch den preistreibenden Effekt der Kreditzins, weil der Geldverleiher die zu erwartende Preissteigerungsrate auf den Zins aufschlägt, um nach Rückzahlung der Schuld nicht weniger Kaufkraft als ausgeliehen zurück zu bekommen.

Angenommen, Sie hätten sich mit 100.000 Euro bei 5 % Jahreszins und 0 % Inflation verschuldet, dann bedeutet dies eine Zinslast von 5000 Euro im Jahr. Steigt nun die Inflation plötzlich um 5 Prozentpunkte an, so steigt der Kreditzins, angenommen auf 10 % (5 % Zins + 5 % Inflation). Ihre Zinslast verdoppelt sich damit auf 10.000 Euro im Jahr. Wenn Sie nun noch einen Inflationsausgleich beim Lohn von 5 % bekommen, so bedeutet dies bei einem Durchschnittslohn von 20.000 Euro netto im Jahr einen Inflationsausgleich von nur 1.000 Euro. Durch die Erhöhung der Preissteigerung müssen Sie also effektiv 4.000 Euro mehr Zinslast tragen als ohne Inflation. Dies bedeutet, dass eine steigende Inflationsrate für Sie genauso schnell den Ruin bedeuten kann wie eine Deflation. Verschuldung lohnt sich also, egal von welchem Szenario man ausgeht, für Sie kaum. Das Risiko durch die Schulden ist allerdings beträchtlich. Die rechtliche Lage sieht für Sie als Schuldner auch schlecht aus: Werden die Verpflichtungen schon heute nicht mehr pünktlich bedient, können die Gläubiger 30 Jahre aus Ihrem künftigen Einkommen vollstrecken. Mit der Aufnahme in das Schuldnerverzeichnis verlieren Sie außerdem die Kreditwürdigkeit und den Schutz vor unzulässiger Weitergabe persönlicher Daten.[160]

Wenn Sie eine sichere Vermögensplanung betreiben möchten, und finanziell in Zukunft abgesichert sein wollen, sollten Sie eine Verschuldung unbedingt meiden. Wenn Sie schon den Kreditweg gewählt haben, sollten Sie die Verpflichtungen schnellstmöglich ausgleichen und auf lange Zinsfestschreibung achten, da im Krisenfall die Zinsen durch den Risikoaufschlag schnell ansteigen.
Auch die kreditgebende Bank ist wichtig. So sind regional orientierte Banken, wie Sparkassen oder Volksbanken, viel kulanter, wenn es Probleme gibt, als Großbanken. Die regional orientierte Bank hat einen Ruf zu verlieren, während die Großinstitute gnadenlos betriebswirtschaftlich kalkulieren. Besser also einen Kredit bei kleinen Instituten als bei den großen.
Vermieden werden sollte auch die Kombination von hohen Geldvermögen auf der einen Seite und Verschuldung auf der anderen, um Steuern zu sparen. Es könnte sonst zum für Sie ungünstigen Fall kommen, dass Sie Ihr Geldvermögen verlieren und für die Schulden weiter haften müssen. Wer solch eine Strategie beschreitet, sollte wenigstens drauf achten, dass Vermögen und Schulden bei der gleichen Bank verbucht sind, um im Krisenfall gegeneinander verrechnet zu werden. Die wichtigste Priorität bei der Vermögensplanung sollte unbedingt die schnellstmöglich Begleichung von Krediten sein. Generell gilt jedoch: Lieber auf etwas verzichten, als seine Freiheit durch Verschuldung zu verlieren.

- Verschuldung ist im Krisenszenario gefährlich.
- Schuldenabbau hat absolute Priorität für die Krisensicherung.

„Trotz der zehnjährigen Hausse in Amerika haben die amerikanischen Haushalte allein in den vergangenen beiden Jahren für 1000 Mrd. Dollar mehr Aktien verkauft als gekauft. Die Reichen verkaufen: Sie veräußern ihre Papiere an die Mittelklasse oder Institutionen, welche für den Normalverbraucher investieren.. Sie verkaufen zu hohen Preisen, während der Mittelstand zu überhöhten Preisen einkauft. Was passiert, wenn der Aktienmarkt zusammenbricht? Dann leiden am meisten jene, welche zuletzt eingekauft haben - die große Mitte also. Während die Reichen früh genug ihr Geld in Sicherheit gebracht haben, würde die Masse verlieren. Ein Crash würde das Nettovermögen der Mittelklasse erheblich reduzieren und die Kaufkraft einbrechen lassen." Robert Kubarych, früherer Chefökonom der New Yorker Börse, Die Zeit 12.5.1999

Aktien

Aktien werden Ihnen Ende 2003 von den meisten Beratern wieder als erstklassige Anlage empfohlen. Die Zahl der Aktionäre hatte sich 1998 auf 4,5 Millionen erhöht.[161] Im Jahr 1999 waren es dann schon fünf Millionen und Ende 2000 bereits über sechs Millionen Aktienbesitzer in Deutschland.[162] Jede zweite Mark wurde allein 1998 in Aktien und Investmentfonds investiert, ein Jahr zuvor waren es erst 37 %. Der Nettoabsatz von Aktien verdoppelte sich auf fast 4,5 Mrd. Euro und kletterte bei Investmentanteilen um rund ein Drittel auf 6,4 Mrd. Euro.[163] Dabei werden heute wie damals die Zuwächse der letzten Jahre bei der Anlageberatung einfach in die Zukunft extrapoliert. Es wurde argumentiert, dass der Käufer von Anleihen sein Vermögen die letzten 25 Jahre versechsfacht, der Inhaber von Aktien jedoch das Geld verachtzehnfacht hätte.[164] Aktien werden deshalb sogar schon als Weihnachtsgeschenk für Kinder zum Renner. In Amerika werden Papiere von Walt Disney und Mc Donalds statt Spielzeug geschenkt.[165] In den Niederlanden werden vermehrt Teenager mit ihrem Taschengeld an die Börsen gelockt. Das Motto soll heißen: Learning by Earning (Lernen durch Verdienen).[166] Meist wird auf Perioden mit herausragendem Wachstum verwiesen (Abb. 17). Was jedoch am Zuwachs erkennbar wird, ist ein exponentielles Wachstum, also ein sich selbst beschleunigender Vermehrungseffekt. Deutlich wird, dass sich bis 1982 die Börse nur auf und ab bewegte, seit damals jedoch immer schneller zu wachsen begann. Die Ursache ist darin zu sehen, dass die reale Verzinsung in der Wirtschaft langfristig zurückgeht. Mit zunehmender Zeit werden die Märkte gesättigt, ein Wachstum ist immer schwerer zu erbringen. Deswegen weicht das Kapital zunehmend auf den spekulativen Sektor aus, die Börsen fangen an zu wachsen. Die Kurse werden dabei immer nervöser, letztlich reichen kleine Ursachen aus, um den schnellen Abwärtstrend einzuleiten. Seit 1982 wurde den Anlegern erklärt, dass man bei Rückschlägen auf keinen Fall verkaufen dürfe, sondern im Gegenteil noch Aktien zukaufen solle.[167]

Dabei folgt der einzelne Anleger oftmals dem Herdentrieb. Der Investment-Professor Werner de Bondt erklärte, dass nur der Herdentrieb die Kurse an den Börsen bestimme. Die Menschen imitierten ohne fundamentale Gründe einfach ihre Mitmenschen. Es werden instinktiv Aktien gekauft, die schon von vielen gekauft werden. Der Fachmann rät dringend davon ab, dem Herdentrieb zu folgen.[168] Auch beim Begriff „Volksaktie“ sollte man keineswegs auf die Sicherheit einer Anlage schließen: Der Sprecher der Deutschen Schutzgemeinschaft für Wertpapierbesitz warnte davor, anzunehmen, dass sogenannte Volksaktien Papiere mit geringem Risiko für jedermann seien: „Eine Aktie, auch eine Volksaktie, kann nie sicher sein, denn in jeder Aktie ist immanent ein Risiko mit enthalten“, unterstrich der Wertpapierschützer.[169] Dies wurde bestätigt, als die als Volksaktie eingeführte Aktie der Deutschen Telekom von einem Kurs von über 100 Euro Anfang 2000 auf gut 20 Euro innerhalb eines Jahres abstürzte und im Jahr 2002 schnell unter 10 Euro abrutschte. Dass sich die Entwicklung an den Börsen schon lange von der Realität abgekoppelt hat, zeigen folgende Fakten: Gewann das weltweite Sozialprodukt zwischen 1980 und 1997 gerade 60 % dazu, wuchs das notierte Börsenkapital um fast 1400 %.[170]

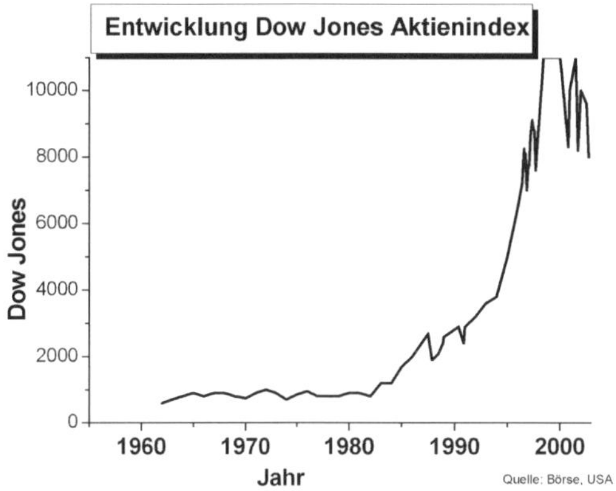

Abb. 17: Entwicklung des Dow Jones Aktienindex in den USA

Im Dezember 1999 übertraf der weltweite Aktienwert erstmals den Wert der weltweit produzierten Güter. Im Jahr 1997 waren es 64 % und 1989 erst 42 % gewesen.[171] Auch das Volumen des in die Börsen investierten Kapitals entwickelte sich exponentiell: 1984 flossen in den Vereinigten Staaten netto 5,4 Mrd. Dollar in Aktienfonds, 1994 waren es 119 Mrd., 1997 sogar 227 Mrd.[172]
Wie spekulativ eigentlich Aktienbesitz ist, zeigte auch das Beispiel des Softwaregiganten Microsoft: Während das Unternehmen einen Umsatz von 14,5 Mrd. Dollar macht, stieg sein Börsenwert im Juli 1999 auf über 255 Mrd. Euro.[173] Zu denken gibt, dass Microsoft, im Gegensatz zu anderen Industriefirmen, wenig Realgüter (Häuser, Fabriken, Maschinen) besitzt. Genauso zeigte das Beispiel von EM.TV in Deutschland die Überspekulation an der Börse. EM.TV war Ende 1999 mit etwa dem 100-fachen des Gewinns notiert, was einem Börsenwert von 7 Mrd. Euro entsprach. Das war genauso viel wie die Börsennotierung der Lufthansa – nur mit dem Unterschied, dass EM.TV wenige Sachwerte vorzuweisen hatte, während allein die Flugzeuge der Lufthansa etwa 7 Mrd. Euro wert sind.[174] Trotzdem wurden weiterhin solch überbewertete Aktien zum Kauf empfohlen. Angesichts dieser Fakten hätte eigentlich jedem die hoffnungslose Überbewertung der Aktien klar sein müssen.

Seit Herbst 2000 stellte sich dann auch wenig überraschend heraus, dass der Aktienanstieg solcher vormaliger Musterunternehmen zum guten Teil nur durch Manipulation und Informationsverschleierung zustande kam. Ein Grund für solche Entwicklungen lag auch in der völlig unrealistischen Beurteilung durch Analysten: Die Aktie von AOL wurde beispielsweise im Oktober 1999 bei einem besorgniserregenden Kurs/Gewinn-Verhältnis von über 1200 von Experten als „preiswert" und „heiße Kaufgelegenheit" eingestuft.[175] Der S&P 500 Aktienindex war schon im Juli 1999 in Amerika bereits auf das 34-fache der damaligen Gewinne gestiegen. Die Börsenkapitalisierung von über 12.000 Mrd. Dollar überstieg das Bruttosozialprodukt des Vorjahres bereits um 50%, ein Rekordwert in der Börsengeschichte. Einige Experten warnten schon vor einem massiven Aktiencrash.[176]
Die Entwicklung der Internetaktien zeigte ebenfalls, wie unrealistisch die Bewertungen von Aktien oftmals waren. Experten wiesen schon 1999 darauf hin, dass schon in fünf Jahren 80 % der Internetfirmen wieder vom Markt verschwunden sein werden und zogen eine Analogie zur Automobilindustrie der 20er Jahren: Damals gab es in den USA 4000 eigenständige Autohersteller. Heute sind es strenggenommen nur noch zwei: Ford und General Motors.[177] Nach Expertenansicht werden 75 % der Internetunternehmen niemals das Stadium der Profitabilität erreichen, also nie Gewinne einfahren.[178]
Die Schutzgemeinschaft der Kleinaktionäre sprach bezüglich der Technologiewerte sogar schon davon, dass die Wachstumsprognosen geschönt seien und der Kleinaktionär am Ende die Zeche zu zahlen hätte, weil er zu spät auf die wahre Situation des Unternehmens hingewiesen werde. Dabei begleiteten Kreditinstitute auch untaugliche Unternehmen an die Börse und kämen ihrer Informationspflicht oft nicht rechtzeitig nach. Manche Unternehmen, so wurde erklärt, steckten so in der Klemme, dass oft nur der Börsengang überhaupt vor der Pleite schütze. Das Geschäftsmodell sei manchmal sogar nicht das operative Geschäft, sondern der Börsengang zur eigenen Bereicherung. Mobilcom Chef Gerhard Schmid sprach sogar schon von gezielten Manipu-

lationen im Technologiebereich.[179] Dass die oftmals veröffentlichten Gewinne nicht der Realität entsprachen wurde beispielsweise Ende 2001 deutlich, als der fünftgrößte amerikanische Konzern Enron bankrott ging. Später wurde bekannt, dass sogar Schulden als Gewinn gebucht wurden und hohe Vertreter der Regierung in den Schwindel verwickelt waren.[180]
Dass viele Unternehmen, welche Aktien herausgeben, gar nicht börsentauglich sind, bestätigte eine andere Untersuchung: Die Unternehmensberatung Arthur Andersen wies darauf hin, dass nur rund ein Drittel der in den Startlöchern sitzenden Kandidaten wirklich börsenreif seien.[181] Diese Aussagen wurde durch den Konkurs des Telefonanbieters Gigabell im Herbst 2000 untermauert, als deutlich wurde, dass sowohl der Vorstandschef, ein ehemaliger Schlagerkomponist, als auch der Aufsichtsrat um Ex-Postminister Schwarz-Schilling und die begleitenden Banken Trinkhaus & Burckhart und DG-Bank letztlich jede Verantwortung für die lange vorhersehbare Pleite abstritten.[182] Ähnliche Fälle waren bei anderen Firmen aus dem Neuen Markt, wie beispielsweise Infomatec, festzustellen.[183]

„Selbst der US-Notenbank-Chef sprach von einer neuen Ära. Wunschdenken, meinen immer mehr Ökonomen heute. ... Der Anteil der Unternehmensgewinne am Bruttoinlandsprodukt ist seit Mitte der 90er Jahre gefallen. Ende 2001 lag er nach Berechnungen von UBS-Warburg nur noch bei 7% - zwei Prozentpunkte unter dem historischen Durchschnitt. Das schnelle Wachstum der US-Wirtschaft in der zweiten Hälfte des vergangenen Jahrzehnts erklären die Skeptiker mit Einmaleffekten: Wegen des Jahr-2000-Problems und des Internet-Fiebers sei es zu einem kurzfristigen Investitionsschub gekommen."
Handelsblatt.com, 16.8.2002

Manipulation

Ein gewisser Teil der Steigerungen auf dem Aktienmarkt war oft nur auf Manipulation (geschönte Bilanzen, unlautere Informationspolitik) zurückzuführen. Auch bei der Kursstellung im Aktienhandel sind schon Manipulationen bekannt geworden. So missbrauchten Banken das Betreuersystem im Xetra-Handel dazu, die Kurse für Aufkäufe nach oben zu treiben, womit der Käufer viel zu viel Geld für die gewünschten Aktien zahlen musste. Experten sprachen dabei von einer „gängigen Praxis“.[184] Genauso wurde schon von künstlich hochgetriebenen Kursen berichtet. Insider verwiesen darauf, dass es Banken gebe, die den vorbörslichen Kurs manipulierten, um Börsengänge interessanter zu machen.[185] Diese Aussagen wurden auch durch das Bundesaufsichtsamt für Wertpapierhandel bestätigt, als dieses erklärte, dass sich die Banken bei der „Kurspflege“ neu emittierter Titel häufig am Rande der Manipulation bewegten. Sowohl bei Borussia Dortmund, als auch bei T-Online, der Telekom-Aktie und Comdirect kauften die Banken Papiere in großem Stil auf und verhinderten damit am Anfang einen drohenden Kursverfall.[186] Ein weiterer Hinweis auf gezielte Manipulation ergab sich, als Anfang 2001 ein bekannter Fernseh-Analyst vor Gericht angeklagt wurde, den Aktienkurs von EM.TV künstlich durch falsche Hinweise hochgetrieben zu haben. Es wurde auch der Verdacht geäußert, dass dieser Fernsehstar in Verbindung mit EM.TV gestanden habe.[187] Ähnliches wiederholte sich, als Ende 2001 der Vorstand des Finanzdienstleisters BHW diskret den überwiegenden Anteil seines privaten Aktienpakets abstieß und die Aktionäre gleichzeitig zum Halten bzw. Zukaufen ermunterte. Während der Vorstand durch den Verkauf vor dem Kurssturz einen kräftigen Gewinn verbuchen konnte, mussten die Aktionäre innerhalb von zwei Wochen einen Verlust von über 30 % hinnehmen.[188]

Wenig Chancen hat der Anleger in einem solchen Fall bei einer Klage wegen Kursmanipulation: Der Vorstand der Schutzgemeinschaft der Kleinaktionäre (SdK), Harald Petersen meinte, dass in der gesamten deutschen Rechtsgeschichte noch nicht ein einziger Angeklagter wegen Kursmanipulation worden sei. Auch im verbotenen Insiderhandel sehe die rechtliche Lage schlecht aus. So wurden von 40 Verfahren 37 wieder eingestellt. Die restlichen drei endeten mit überschaubaren Geldstrafen von 1400, 1900 und 4000 Euro.[189]

Vergessen wird oftmals auch, wie überbewertete Aktien durch finanzkräftige Spekulanten gezielt angegriffen werden. Dabei leihen sich sogenannte Short-Seller (Leerverkäufer) Aktienpakete von Banken aus und verkaufen diese in hohen Stückzahlen an der

Börse. Damit wird der Kurs entgegen der fundamentalen Entwicklung beeinflusst. Der Spekulant hofft, die Aktien später billiger aufkaufen und an den Fonds zurückgeben zu können. Inzwischen haben sich allein 400 Hedge Fonds auf solche Leerverkäufe spezialisiert.[190] Damit steigt das Risiko von Aktienbesitzern, in das Schussfeld der Spekulanten zu geraten.

Banken verdienen an der Abwicklung der Kauf- und Verkaufsorders und animieren Spekulanten und Kleinanleger daher gern zum häufigen Umschichten der Bestände.

Auch von anderer Seite wird in das Marktgeschehen manipulativ eingegriffen: So erklärte die Commerzbank im Sommer 2002, dass es Hinweise darauf gebe, dass in den USA ein Krisen-Verhinderungs-Team (Plunge Protektion Team) immer dann mit Staatsgeldern Aktien aufkauft, wenn die Börsen am Abstürzen sind.[191] Was sich hier auf den ersten Blick positiv anhört, verhindert in Wirklichkeit eine richtige, gesunde Marktbereinigung an den Börsen und verstärkt die Ungleichgewichte immer weiter – bis zum endgültigen Zusammenbruch.

Was jedoch nach dem Kurseinbruch ab dem Jahr 2000 die wenigsten Kleinanleger erkannten, ist die Tatsache, dass Aktien auch nach der Korrektur immer noch überbewertet waren. So ergab eine Untersuchung der Dresdner Bank im Jahr 2002, dass in die Unternehmensbilanzen im allgemeinen nicht die Bezahlung von Managern mit Aktienoptionen eingeflossen ist. Die Gewinne wären deshalb zwischen 30 und 75 % zu hoch ausgewiesen worden.[192] Das Gleiche gilt für die Pensionslasten der Großunternehmen, welche nach dem Aktieneinbruch weggeschmolzen waren und in Zukunft die Auszahlung von Firmenrenten an die Angestellten in Frage stellten und die Gewinne zusätzlich unter Druck bringen werden. Es bestand also trotz des Kursrückgangs noch erheblicher Korrekturbedarf. Der Aufschwung in 2003 ist daher mit Vorsicht zu genießen und sollte zum beherzten Aussteigen genutzt werden.

Es sollte auch bedacht werden, dass in der Vergangenheit die meisten Aktiengewinne nur bei einer kleinen vermögenden Schicht gelandet sind. 90 % aller Börsengewinne in den USA sind zugunsten nur 10 % der amerikanischen Haushalte gegangen.[193] Wenn Sie sich für Aktien interessieren, sollten Sie sich darüber klar sein, dass Insider ab Sommer 2003 verstärkt Aktien abstoßen, welche von Fonds und Privatanlegern aufgekauft werden. Wenig bekannt ist, dass reiche Haushalte in Amerika tatsächlich effektiv den Aktienanteil im Depot verkleinern, während die Mittelschicht diesen vergrößert. Bei einem Aktienzusammenbruch würde also die Mittelschicht massiv getroffen.[194] Es scheint, dass Aktieninvestitionen der Mittelschicht nur deshalb in den letzten Jahren empfohlen wurden, damit diese das Potential der Gewinnerschicht vor dem Börsencrash aufkauft.

Auch sollte Ihnen klar sein, dass beim heutigen Konkurrenzkampf die Unternehmen daran interessiert sind, Kurssteigerungen aufzuweisen. Der RWE-Vorstandsvorsitzende Dietmar Kuhnt wies darauf hin, dass die Unternehmen dabei von Fondsmanagern und Analysten abhängig seien und unter Druck gesetzt werden.[195] Aktien sollten also bis zum Crash immer weiter steigen. Dabei wird die Gefahr von noch schlimmeren Kapitalkrisen mit der Folge eines Börsenkrachs weiterhin unterschätzt. Finanzkrisen wurden noch Mitte 1999 von den meisten Experten fahrlässigerweise als erledigt angesehen[196] Sogar zur Zeit der russischen Finanzkrise, als eine reale Gefahr des Systemzusammenbruchs bestand, beruhigten die Anlageexperten und rieten den Anlegern abzuwarten. Es wurde erklärt, dass die Rückgänge mit der um diese Jahreszeit gern auftretenden „pessimistischen Stimmung" zu erklären seien. Auf keinen Fall solle der Kleinanleger verkaufen, denn der Pessimismus werde sich wieder legen. Es wurden sogar massive Neuinvestments an der Börse empfohlen.[197]

Weil Aktien als eine der ersten Anlageformen von Finanzkrisen getroffen werden, sollten Sie eine solche Investition gut überlegen. Sie dürfen sich auch gegenüber Aktien keinen Illusionen hingeben: Aktien sind letztlich Papiere, deren Wert nur von Erwartungen abhängt. Sie tauschen gutes Geld gegen einen rein fiktiven Wert, wobei Sie praktisch keinerlei Rechte gegenüber dem Emittenten haben. Schnell kann im Krisenszenario der Wert Ihrer Aktien weitgehend gemindert sein. Unter Umständen kön-

nen Sie nach einem Crash die Wertpapiere nicht einmal mehr verkaufen, da nicht genug Käufer an der Börse vorhanden sind. Sie müssen sich immer darüber im Klaren sein, dass der momentane Preis Ihrer Aktien nur einen scheinbaren Wert darstellt. Würden Sie als Einziger verkaufen, so könnten Sie den momentanen Wert realisieren. Wenn hingegen viele Aktienbesitzer Ihre Wertpapierdepots auflösen, so muss das Aktienniveau ins Bodenlose fallen. *Das bedeutet, dass nur ein kleiner Teil der Anleger sein Geld wirklich zum momentanen Preis realisieren kann.*
Wenn Sie Aktien kaufen wollen, dann sind solche mit weitreichenden internationalen Engagements zu meiden, da diese sehr anfällig gegen internationale Finanzkrisen sind. Sie sollten sich überlegen, welche Firmen auch nach einer massiven Finanzkrise noch existieren. Am sichersten dürften solide einheimische Versorger zu bewerten sein. Auf jeden Fall sollten von Ihnen Aktien von Unternehmen gemieden werden, welche ein hohes Börsenkapital, jedoch nur wenig Sachkapital im Hintergrund haben. Hier sind Computer-, Internet-, und Telefonanbieter zu nennen. Sehen Sie sich auch die Kurs/Gewinn-Verhältnisse (KGV) an und meiden Sie Aktien mit hohem KGV!
Genauso sollten für Aktien immer Verkaufslimits festgelegt werden. Allerdings nützen diese im Crashfall nicht, da dann viele Aktien automatisch verkauft werden. Sie verkaufen also nahe des Tiefs!

- Aktien sind heute völlig überbewertet und verfallen in der Krise.
- Wertpapierkauf sollte gut überlegt sein.
- Technologieaktien meiden
- Es sollten nur so viele Aktien gehalten werden, dass ein erheblicher Kursrückgang verschmerzt werden kann.
- Unbedingt Verkaufslimits für den Crashfall setzen.

Staatsanleihen werden Ihnen gemeinhin als besonders sichere Geldanlage empfohlen. Besonders wenn Industriestaaten für die Auszahlung garantieren, wird kein Risiko vermutet. Die Anleger vergessen dabei oftmals, dass langlaufende Anleihen erst am Ende der Laufzeit zurückgezahlt werden. Unter der Laufzeit ist der Kurs der Anleihe von der Veränderung des Zinsniveaus seit der Ausgabe des Wertpapiers abhängig. Steigt der Marktzins, fällt der Kurs der Anleihe, fällt der Zinsfuß, gewinnt der Wertpapierkurs (Abb. 18).

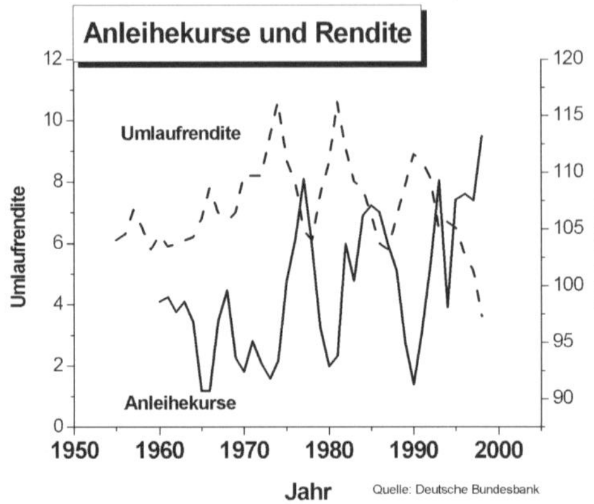

Abb. 18: Anleihekurs und Rendite - gegenläufiger Verlauf

Dabei machen sich kleine Zinsänderungen überproportional beim Anleihekurs bemerkbar: Angenommen, eine langlaufende fünfprozentige festverzinsliche Anleihe (z. B. 30-jährige Anleihe) wird zu einem Kurs von 100 herausgegeben, und der Marktzins steigt auf 6 %, dann fällt der entsprechende Kurs auf etwa 83. Die einprozentige Zinserhöhung hätte einen Abfall des Anleihekurses um 17 % bewirkte. Dabei ist die Wirkung des Zinses umso größer, je länger das Wertpapier noch läuft. Im Falle einer Krise ist mit einem Anstieg des Zinsniveaus und damit Verfall der Anleihekurses zu rechnen. Die Entwicklung des Marktzinses und damit die Kursentwicklung der Anleihen hängt im Normalfall immer von der Inflationsrate ab. (Abb. 19). Der Kreditgeber bzw. Anlei-

hekäufer rechnet die zu erwartende Inflationsrate in den Zins ein, um nicht nach der Rückzahlung weniger Kaufkraft zu erhalten, als er ausgeliehen hat. Weitere wichtige Faktoren, welche den Marktzins verändern, sind der Risikozuschlag und der Gewinn des Kreditgebers. Der Gewinn des Kreditgebers (Bank) stellt im wesentlichen die Bankenmarge, also die Differenz zwischen Einleger- und Kreditzins, dar. Die Bankenmarge liegt im Allgemeinen bei 1-2 %. Dabei muss beachtet werden, dass die Kapitalzinserträge der Banken zum großen Teil an die Geldeinleger als eigentlicher Zins wieder ausgezahlt werden. Schon im Jahr 1997 erreichte die Bankenmarge (Differenz zwischen Kreditzins und Einlegerzins) sogar den Tiefstand von 1,37 %.[198] Der Risikozuschlag berücksichtigt die Sicherheit einer Anlage. Deshalb sind Anleihen von Entwicklungsländern höher verzinst als Anleihen von Industrieländern, weil die Sicherheit der Rückzahlung bei letzteren wesentlich größer ist als bei ersteren. In unsicheren Verhältnissen steigt der Risikozuschlag und führt zu einer Erhöhung des Zinsniveaus, auch unabhängig von der allgemeinen Preisentwicklung. Für Inhaber von festverzinslichen Anleihen hat dies sehr unangenehme Konsequenzen: In Krisenzeiten schnellen die Zinsen in kurzer Zeit nach oben, da der Risikozuschlag für Anlagen ausgeweitet wird. Für den Inhaber von Anleihen bedeutet das, dass er beim Verkauf massiv Vermögen verliert.
Der Risikozuschlag im Zins erhöht sich auch dann, wenn es zu politischen Verwicklungen und damit Unsicherheiten für die Anleger kommt. In einem solchen Fall verlieren Ihre Anleihen ebenfalls augenblicklich an Wert.
Eine weitere Gefahr besteht darin, dass im Krisenfall unter Umständen die Anleihen auf dem Markt überhaupt nicht mehr aufgekauft werden und sich deshalb Ihr Vermögen nicht realisieren lässt.

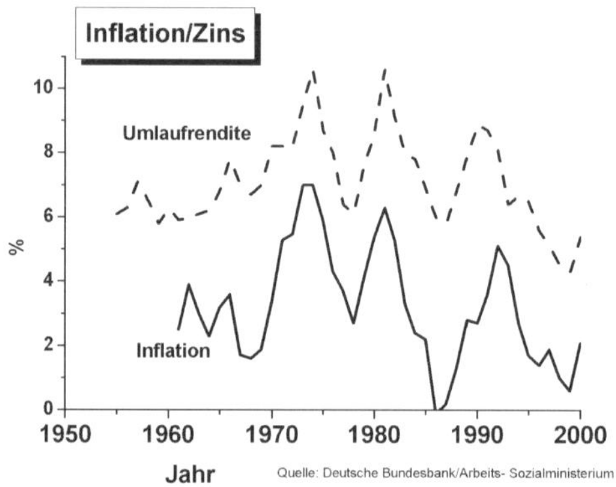

Abb. 19: Inflation und Umlaufrendite festverzinslicher Anleihen

Ein Beispiel für die Risiken von Staatsanleihen war die russische Finanzkrise im Sommer 1998. Nach Abwertung des Rubels wurden die Anleihen, welche im Folgejahr fällig gewesen wären, schnell in drei- bis fünfjährige Papiere umgewandelt. Gleichzeitig wurde die Bedienung von Auslandsschulden für 90 Tage ausgesetzt.[199] Genauso erklärte Ecuador im Oktober 1999 und die Ukraine im Januar 2000, dass sie ihre Anleihen nicht mehr bedienen könnten. Auch China ließ im Oktober 1999 das Vermögen von bankrotten Finanzinstituten verfallen.[200] Ende 2001 musste Argentinien seine Zahlungsunfähigkeit eingestehen, und die ausstehenden Brady-Anleihen sanken auf nur noch 25 % ihres Nennwerts.[201]

Noch schlimmer sieht es bei Unternehmensanleihen aus: Schon Anfang 2002 meldeten allein in den USA so viele Unternehmen Insolvenz an wie noch nie in der Geschichte. Dadurch platzten 41 Anleihen im Wert von über 31 Mrd. Dollar.[202]

Deutlich wird, dass die weitverbreitete Annahme, dass Staaten und Großunternehmen nie bankrott gehen könnten, mit zunehmender Zeit nicht mehr stimmt. Die Situation wird in Zukunft für den Anleger noch schlimmer, da sich immer mehr Staaten dafür entscheiden, nur noch Anleihen mit CAC (Collective Action Clause) Klauseln herauszugeben. Diese besagen, dass zukünftig eine einfache Mehrheit der Gläubiger darüber entscheiden kann, was mit Anleihen passiert, deren Schuldner in Zahlungsschwierigkeiten steckt – ein Widerspruchsrecht ist dann für Sie als einzelnen Anleger ausgeschlossen.[203] Dann könnte es passieren, dass in einer Wirtschaftskrise die Auszahlung von Rentenpapieren einfach eingeschränkt oder völlig unterbunden wird. Ähnlich sieht es aus, wenn der IWF sein geplantes Konkurssystem für Staaten umsetzt, welches bei Zahlungsschwierigkeiten die Gläubiger zum Verzicht auf Rückzahlungen zwingen würde.

Kaum bekannt ist auch, dass der Markt für Anleihen eine wesentlich größere Rolle für das Finanzsystem spielt als der Aktienmarkt. Dies wurde nach dem Zusammenbruch des LTCM Fonds im Herbst 1998 deutlich. Der Fonds war spekulativ auf dem Anleihemarkt tätig. Während die breite Öffentlichkeit auf den Aktienmarkt konzentriert war, spielte sich das Hauptgeschehen auf den vom Volumen her wesentlich größeren Anleihemärkten ab. Auslöser des Zusammenbruchs war das einseitige russische Schuldenmoratorium, wodurch Kreditrisiken neu bewertet wurden.[204]

Eine andere Art von Anleihen, welche immer populärer wird, sind Wertpapiere auf die Einnahmen von Musikern. Die Anleihen werden aus den künftigen Platten- bzw. CD-Verkäufen zurückgezahlt. Das Risiko besteht in den schwankenden Plattenverkäufen des Musikers. Ändert sich beispielsweise der Musikgeschmack, oder wird der Star in einen Skandal verwickelt, können die Plattenverkäufe einbrechen und den Wert der Anleihe gefährden.[205]

Anleihen von Großunternehmen sind darüber hinaus noch durch hohe Pensionsverpflichtungen stark gefährdet: Teilweise sind die eingegangenen Leistungsverpflichtungen an Angestellte, welche in den Altersruhestand gehen, so groß, dass bereits in naher Zukunft die Unternehmen finanzielle Probleme bekommen. Bei der Lufthansa beispielsweise betrugen diese Lasten bereits im Jahr 2003 mehr als 60 % des gesamten Unternehmenswertes. In Europa listete ein Untersuchung mehr als 30 Firmen auf, welche in den nächsten Jahren damit Probleme bekommen werden. Entsprechend ist davon dann der Kurs von Anleihen betroffen.[206]

Damit wird für Sie deutlich, dass Anleihen nicht die günstigste Anlageform für eine Wirtschaftskrise sein können. Entweder Sie erleiden empfindliche Kursverluste, oder Sie können die Anleihe überhaupt nicht mehr auf dem Markt verkaufen. Auch ein Bankrott des als sicher geglaubten Emittenten, wie der öffentlichen Hand, ist angesichts der Überschuldung keineswegs ausgeschlossen.
Wenn Sie Anleihen kaufen wollen, dann sollten Sie solche bevorzugen, welche von soliden, wenig verschuldeten und politisch stabilen Ländern herausgegeben wurden. Die Verschuldung solcher Staaten im Ausland sollte möglichst gering sein, und diese Nationen sollten keine festen Wechselkurse besitzen, da sonst die Zahlungsunfähigkeit in einer Währungskrise droht.

- Anleihen verfallen in der Krise durch den Zinsanstieg.
- Kurzlaufende Anleihen sind zu bevorzugen.
- Vertrauen Sie auch auf Anleihen von Großfirmen und Staaten nicht blind!

„Im Herbst 1998 waren die Investmentfonds so an den stetigen Zufluss von neuem Geld gewöhnt, dass sie die niedrigsten Geldreserven in der Geschichte der Fonds unterhielten. Sollte sich dieser Trend gegen sie wenden, werden sie gezwungen sein, Geld aufzutreiben, was den Druck auf die Kurse nur noch weiter verstärkt.“

George Soros, Spekulant [207]

Fonds

Anlagegelder fließen auch in Investmentfonds. Doch schon allein die Renditeentwicklung der meisten Fonds lässt diese Anlageform wenig lukrativ erscheinen. Der geschäftsführende Gesellschafter der Deutschen Derivate-Vermögensverwaltung wies beispielsweise darauf hin, dass in 27 von 30 verschiedenen Anlagekategorien alle in Deutschland vertriebenen Fonds schlechter abschneiden, als der entsprechende Index. Nach nur fünf Jahren betrüge die Versagerquote unter den Fonds 90 %. Der Experte meinte, dass sich die Anleger von der Werbung blenden ließen und die Banken meist nur die gut laufenden Fonds präsentieren, während viele Verlierer unterschlagen würden. Auch würde meist nur ein einjähriger Wertentwicklungszeitraum genannt, bei welchem sich Zufall nicht von Leistung unterscheiden ließe. Er betonte, dass er noch kein einzige Ranking gesehen hätte, welches nicht stark geschönt gewesen sei. So würden beispielsweise oft auch die bis zu sechsprozentigen Ausgabeaufschläge nicht berücksichtigt, und die meisten Finanzzeitschriften lobten Fonds nur, um nicht den größten Werbekunden zu verlieren. Verdächtig sei auch, dass in vielen Fonds keinerlei erfolgsabhängige Vergütungskomponenten vorhanden seien, der Fondsverwalter also offenbar selbst nicht an den Erfolg glaube.[208]

Das Gleiche gilt auch für Rentenfonds. Eine Untersuchung des unabhängigen Finanzdienstleisters FCS ergab beispielsweise, dass Bundesschatzbriefe sowohl über zehn, 20 und 30 Jahre besser abschneiden als die meisten dieser Fonds.[209]

Dazu kommt noch, dass sich die Fondsmanager selbst dann hohe Erfolgshonorare genehmigen, wenn der Fonds eigentlich Verluste schreibt. Hat der Fonds vielleicht nur ein paar Prozentpunkte weniger Verlust als der Vergleichsindex, wird dies gleich als Leistung der Manager interpretiert, nach dem Motto: „Es hätte noch schlimmer kommen können.“[210] In die gleiche Richtung weist eine Untersuchung der Stiftung Warentest, welche ergab, dass sich die Mehrzahl der Fonds über einen langen Zeitraum verfolgt schlechter entwickelten als der entsprechende Aktienindex DAX.[211]

Ein Beispiel dafür, wie die Fonds nur positive Zeiträume herausstellten, während negative unterschlagen werden, gab die Direktbank-Tochter einer deutschen Großbank, welche für eine Beteiligung an einem Aktien-Dachfonds warb. Dessen Zwölf-Monats-Rendite bezifferte die Bank mit 31 %, was sich auf den Zeitraum von Anfang Juli 1999 bis Ende Juni 2000 bezog. Bis Anfang 2001 hatte sich die Wertentwicklung jedoch erheblich verschlechtert; im Kalenderjahr 2000 betrug der Verlust 10,5 %, was jedoch in der Werbung verschwiegen wurde.[212]

Viel besser als Fonds sind daher für den Anleger entsprechende *Indexzertifikate*, welche es für die verschiedensten Indizes, wie DAX, S&P 500 oder EuroStoxx 50 gibt. Diese Papiere vollziehen genau die Marktbewegungen mit, und beim Kauf oder Verkauf fallen, im Gegensatz zu Fonds, nur geringe Gebühren an. Sie sollten nur darauf achten, dass die Papiere eine unbegrenzte Laufzeit haben, da sonst beim Auslaufen der Zertifikate wieder Gebühren zahlen und unter Umständen Verluste realisiert werden müssen. Zu achten ist auch auf eine nicht zu große Differenz zwischen Ankauf- und Verkaufkurs. Normal waren im Jahr 2001 bspw. bei DAX Papieren 0,2 %. Ein Nachteil von Indexzertifikaten ist, dass sie im Fall einer Bankpleite juristisch als Anleihen gelten und nicht abgesichert sind.[213] Dies kann man durch einen *Indexfonds* umgehen, der mit seinen Aktien lediglich den Index nachbildet, also nicht aktiv gemanagt wird. Man besitzt dann über den Fonds Aktien.

Doch noch viel fataler als die schlechte Renditeentwicklung der meisten Fonds könnte sich die mangelnde Sicherheit für den Anleger auswirken. Häufig wird der Anleger durch den Hinweis auf eine breite Streuung der Gelder zur Geldanlage bewegt. Berücksichtigen sollten Sie jedoch, dass eine hohe Rendite nur möglich ist, wenn die Fonds spekulativ investieren und somit primär an der Rendite, weniger an der Anlagesicherheit interessiert sind. Um in einem international äußerst harten Wettbewerb bestehen zu können, haben diese nur die Möglichkeit, enorme Risiken bis hin zum Verlust des Eigenkapitals einzugehen, oder es fließen Anlagegelder ab.[214] Die Bargeldreserven eines Fonds sind gering.[215] Von Experten wurde deshalb darauf hingewiesen, dass im Falle eines Crashs, verbunden mit vermehrten Rückzahlungsforderungen der Anleger, viele Fonds nicht mehr zahlungsfähig sein werden. Entweder geht ein Fonds bankrott oder sperrt die Auszahlungen. Nach dem Kapitalanlagegesetz ist es Fonds grundsätzlich erlaubt, die Auszahlung der Gelder zur Rettung des Fonds zu verweigern.[216]

Im Krisenfall hat die Investition in einen Fonds für Sie mehrere Nachteile. Einmal haben Sie keinen Einfluss auf die Anlagestruktur und sind auch nicht über diese im Detail informiert. Zum anderen können Sie die Handlungsweise des Fonds im Krisenszenario nicht individuell beeinflussen. Der sicherheitsbewusste Anleger macht sich selbst Gedanken und stellt seine Anlagesektoren eigenständig zusammen. Wenn Sie trotzdem in einen Fonds Ihr Geld einzahlen wollen, sollten Sie darauf achten, dass dieser nicht in Ländern engagiert ist, welche zu potentiellen Opfern von Schulden- und Währungskrisen gehören.

- Eine eigene Anlage ist Fonds in der Krise überlegen.
- Indexzertifikate sind meist besser und billiger als Fonds.
- Investitionen sollen kurzfristig und schnell verfügbar sein.
- Generell geht Sicherheit vor Rendite.

Sparbuch

Das Sparbuch wird allgemein als sehr sichere Einlage angesehen. Dies ist unter normalen Umständen richtig. Jedoch sieht dies unter den angenommenen Szenarien einer globalen Finanzkrise anders aus. Auch Spareinlagen sind in Deutschland bis zu einem bestimmten Betrag über den Einlagensicherungsfonds abgesichert. Dieser Fonds hat die Aufgabe, die Spareinlagen einer sich in finanziellen Schwierigkeiten befindlichen Bank zu sichern. In Klauseln ist jedoch festgelegt, dass die Ursachen für die finanziellen Probleme einer Bank in deren geschäftlichen Verhältnissen liegen müssen. Eine allgemeine Krise der Kreditwirtschaft könne keinen Stützungsfall begründen, heißt es.[217] Das bedeutet, dass im Krisenszenario auch Ihre Spareinlagen nicht abgesichert sind und durch Bankenpleiten verloren gehen könnten. Gleichzeitig kann das Bundesaufsichtsamt bei Konkursgefahr ein sogenanntes Moratorium anordnen und die Schließung des Kreditinstitutes für den Verkehr mit der Kundschaft bewirken.[218] Im Krisenfall besteht also die Gefahr, dass die Schalter geschlossen werden, um das Bankensystem vor dem Kollaps zu bewahren. Diese Befürchtung hatten viele Anleger zur Beinahe-Finanzkrise im Herbst 1998. Die zweitgrößte Bank der Welt, die schweizerische UBS, musste zugeben, durch den Bankrott des Hedgefonds LTCM über 1 Mrd. Franken eingebüßt zu haben. Die Aktien der Bank stürzten von Juli 98 bis September 98 um 60 %. Aus der ganzen Welt wurden daraufhin Gelder abgezogen. Die Sicherheit der Anlagegelder wurde angezweifelt. Gleichzeitig kamen auch andere Großbanken in der Schweiz massiv unter Druck. Meist konnten diese keine Auskunft über die Beteiligung an dem bankrotten Fonds geben, da nicht einmal die Banken von den Fondsverwaltern über die entsprechenden Beteiligungen informiert wurden.[219]

Noch schlimmer war es in Argentinien, als praktisch über Nacht die Spareinlagen gesperrt wurden und die Anleger nur noch über kleine Teile des Vermögens verfügen konnten. Über den deutschen Einlagensicherungsfonds sind auch keine offiziellen Zahlen erhältlich. Experten bezweifeln, dass das geschätzte Vermögen des Fonds von 3,5 Mrd. Euro überhaupt ein Krise abwenden kann, wenn allein die Einlagen der vier deutschen Großbanken 1998 über 200 Mrd. Euro betragen. Weder die geschützten Gläubiger noch die betroffenen Institute hätten einen Rechtsanspruch auf ein Einspringen des Fonds.[220] Im Jahr 1998 war der Sicherungsfonds der Volks- und Raiffeisenbanken bereits in der Krise, weil die Übernahmewelle bei den Genossenschaftsbanken zur Vergabe riskanter Kredite geführt hatte.[221]

Sie sollten deshalb besser nicht auf solche Sicherungen vertrauen. Wichtig für Sie ist es, Ihre Ersparnisse so liquide wie möglich auf dem Sparbuch zu halten. Dies kann etwa geschehen, wenn das Sparbuch in regelmäßigen Abständen gekündigt wird. Da normale Spareinlagen einer vierteljährigen Kündigungszeit unterliegen, kann alle drei Monate, meist vier Wochen auf das Geld zurückgegriffen werden. Sie kündigen also Ihr Sparbuch und können

nach drei Monaten vier Wochen lang auf das komplette Vermögen zugreifen. Nach den vier Wochen kündigen Sie die Anlage erneut. So erhalten Sie sich die maximale Liquidität, ohne dass es Sie etwas kosten würde.
Noch besser ist es, wenn Sie ihr Geld auf mehrere Sparbücher verteilen. Dann können Sie zu jeder Zeit vollständig oder in hohem Maße auf Ihr Vermögen zurückgreifen, ohne Kündigungsfristen beachten zu müssen. In der Regel können Beträge bis 1500 Euro pro Monat ohne Kündigung abgehoben werden. Dass die Banken sich über den höheren Verwaltungsaufwand ärgern, sollte Sie dabei nicht abschrecken. Gehen Sie zu verschiedenen Banken! Unter dem Aspekt Krisenszenario ist von langfristigen Anlagen abzuraten, bei denen die höhere Verzinsung durch eine ein- oder mehrjährige Zugriffssperre bezahlt werden muss.

- Verteilen Sie die Anlage auf mehrere Sparbücher und verschiedene Banken!
- Halten Sie die Sparbücher im gekündigten Zustand!
- Kein langfristiges festlegen des Vermögens!

„Die sinkenden Aktienkurse treffen die Versicherer gleich mehrfach: Zum einen bringen ihre Kapitaleinlagen weniger ein, was unmittelbar auf die Gewinne durchschlägt. Die Kapitalanlagen dienen aber auch als Garantiemittel für Schadenzahlungen. Die Kursrückgänge bei Aktien und Bonds verringern daher tendenziell die Möglichkeit der Versicherer bei Schadenfällen zahlen zu können." Handelsblatt, 26.6.2002

Lebensversicherungen

Die Anlage von Vermögen in Lebensversicherungen wird von immer mehr Anlegern favorisiert, seit bekannt wurde, dass die gesetzliche Rentenversicherung in Zukunft nicht mehr so leistungsfähig wie bisher sein wird. Schon im Jahr 1997 flossen fast 40 % der Neuanlagen zu den Lebensversicherern. Anfang der 70er Jahre waren es erst 13 %.[222] Zu denken gibt jedoch, dass

beinahe jeder zweite Anleger seine Investition schon vor Laufzeitende unter großen Verlusten wieder auflöst.[223] Ein schlechtes Licht warf auch eine Untersuchung der Stiftung Warentest, welche 126 Tarifangebote von 65 Lebensversicherern auswertete: Nur wenige Angebote schnitten mit guten Noten ab, die meisten erhielten nur „befriedigend“ oder „ausreichend“. Dabei ergaben sich enorme Leistungsunterschiede, die sich bei 30 Jahren Laufzeit auf 40.000 bis 50.000 Euro ausweiten könnten. Auch gute Lebensversicherungen seien nur dann überhaupt interessant, wenn der Kunde auch über lange Zeiträume „einigermaßen sicher gut verdienen“ könne. Wer mit Brüchen in seiner Erwerbsbiografie rechnen müsse, für den sei diese „Zwangsjacke“ nicht geeignet. Immerhin waren die Hälfte der Kunden, welche eine Kapitallebensversicherung abgeschlossen hatten, nicht in der Lage, die Beiträge bis zum Ende zu zahlen. Ein Ausstieg aus dem Vertrag bedeute dann erhebliche Einbußen.[224] Vor allem Käufer von vermieteten Immobilien wurden angesprochen, denen geraten wurde, den Kredit für die Immobilie am Laufzeitende der Versicherung mit dem eingezahlten Betrag auf einen Schlag abzuzahlen. Dazu sollten ständig hohe Beträge in die Lebensversicherung fließen und nur die Zinsen des Kredits bedient werden. Der Vorteil wären die ständig hohen Zinslasten, welche durch die Fremdvermietung steuerlich geltend gemacht werden könnten. Bei einem normalen Kredit mit Tilgung würde die Zinslast am Ende absinken, was auch eine verminderte Steuerersparnis zur Folge hätte.[225]
Fatal wäre dieses Steuersparmodell allerdings für Sie im Krisenszenario: Bei der Versicherung wurden Geldforderungen aufgebaut und durch die Immobilie Schulden gemacht. In der Krise wird die Auszahlung Ihrer Versicherung unter Umständen gesperrt bzw. das Unternehmen geht bankrott – die Guthaben sind verloren. Gleichzeitig sinkt in der Deflation der Preis Ihrer Immobilie, und Ihre Mieteinkünfte sind nicht mehr gesichert. Ihr nicht getilgter und damit mit hohen Zinsen belasteter Kredit muss jedoch weiterhin in vollem Umfang bedient werden, was durch sinkende Mieterträge und Einkommen zunehmend schwieriger wird. Gleichzeitig verliert die Lebensversicherung als Kreditsi-

cherheit für die Schulden ihren Wert. Früher oder später droht die Zwangsvollstreckung. Vor solchen „Steuersparmodellen" muss deshalb im Krisenszenario dringend gewarnt werden.
Doch auch die Lebensversicherung alleine stellt für Sie keine geeignete Anlage für Krisenzeiten dar. Zu beachten ist, dass einmal Ihr Geld nicht liquide ist, um im Krisenfall reagieren zu können und Ihnen meist keine genauen Angaben der Versicherung vorliegen, wo die Investitionen der Beiträge erfolgen. Häufig sind sogar von den Unternehmen riskante Investitionen in Krisenländern vorgenommen worden. Dies wurde nicht zuletzt deutlich, als Mitte 2002 wegen des Börseneinbruchs Zweifel deutlich wurden, dass viele Versicherungen ihre Mindestverzinsung von 3,25 % in Zukunft nicht mehr zahlen könnten. Kleine Anbieter, so wurde deutlich, sind sogar von einer Pleite bedroht, bei welcher der Anleger einen Totalverlust erleiden würde.[226] Im Frühjahr 2003 wurde es noch deutlicher: Die weltweit drittgrößte Rating-Agentur Fitch stellte in einer Studie fest, dass zwei Drittel aller Lebensversicherer wegen ihrer schlechten Kapitalausstattung auf weitere Kursrückgänge an den Börsen schlecht gerüstet seien. Schon im Jahr 2003 würden solch hohe Abschreibungen fällig, dass dies für eine Vielzahl von Assekuranzen existenzbedrohend sei.[227] Im Zuge einer globalen Kapitalkrise wäre Ihr Geld vom Konkurs des Versicherers bedroht. Wenn Sie bereits eine Lebensversicherung haben, sollten Sie sich um eine Laufzeitverkürzung bemühen bzw. die Einzahlungen reduzieren. Ein Ausstieg aus einer laufenden Kapitallebensversicherung ist ungünstig, ebenso die Beitragsfreistellung. Am einfachsten ist es, wenn nach Zahlung der ersten Rate nicht mehr als ein Jahr vergangen ist und die Unterlagen unvollständig sind. Nach Ansicht der Verbraucherverbände und des Bundes der Versicherten sind die meisten Informationen unvollständig, sodass meist die einjährige Widerspruchsfrist gilt. Nach diesem Zeitraum kann versucht werden, die Versicherung zu verkaufen (bspw. an die Firma Cashlife, Internet: www.cashlife.de).[228] Bei einem Neuabschluss gelten die gleichen Kriterien wie für Ihre Anlagebank. Das Versicherungsunternehmen sollte möglichst solide und wenig spekulativ tätig sein.

- Kapitallebensversicherung bedeutet langfristig investiertes Geld, das deshalb im Crash nicht verfügbar ist.
- Lebensversicherungen kommen in einer Wirtschaftskrise schnell in Bedrängnis, und das investierte Vermögen ist gefährdet.
- Die genauen Investitionen der Versicherer sind Ihnen nicht bekannt und nicht von Ihnen beeinflussbar.

Bausparverträge

Für den Bausparvertrag gelten die gleichen Hinweise wie bei der Lebensversicherung. Es handelt sich um eine sehr langfristige Investition, auf welche nicht schnell zugegriffen werden kann. Außerdem ist die Investition am Laufzeitende mit einem Hypothekenkredit verbunden, welcher im Krisenszenario kritisch betrachtet werden muss. Wichtig ist wieder, auf möglichst kurze Laufzeiten und schnelle Kündbarkeit zu achten.

- Kurze Laufzeiten wählen!
- Auf schnelle Möglichkeit der Kündigung achten!

Immobilien

Immobilienerwerb gilt allgemein als erstrebenswerte Anlageform. Etwa 40 % der Hauhalte in Deutschland verfügt über Wohneigentum, das durchschnittliche Wohn- und Grundvermögen der Privathaushalte betrug 1997 etwa 240.000 Euro. Vier Fünftel der zwischen 1991 und 1997 aufgenommenen privaten Kredite dienten dem Wohnungserwerb.[229] Die durchschnittliche Kreditbelastungsquote der Häuslebauer ist von 1995 bis 1999 mit 34 % des Haushaltsnettoeinkommens etwa konstant geblieben. Die Belastung betrug damit 1047 Euro.[230]

Häufig werden fremdvermietete Immobilien Ihnen als sichere Anlageobjekte empfohlen. Da diese Investitionen jedoch sehr langfristig sind, sind sie im Krisenszenario kaum zu empfehlen. Jedoch kann die Anlage auch unter normalen Umständen schnell einen Vermögensverlust bedeuten: Anfang der 90er Jahre wurden Anlegern oftmals Immobilienkäufe in den neuen Bundesländern als renditeträchtige Objekte empfohlen. Über 128 Mrd. Euro privates Kapital floss seitdem in den Osten. Anfangs schien das Geschäft lohnenswert, da Bauherren bis zu 50 % der Kosten von der Steuer absetzen konnten. Besonders Immobilienfonds waren beliebt, weil sich hier der Anleger nicht um die Objekte kümmern musste. In großem Stil wurden Büro- und Gewerbegebäude erstellt, der Markt war schnell übersättigt. In Leipzig war Mitte 1999 jedes vierte Büro ohne Mieter. Die Mietpreise gingen drastisch zurück: 1992 wurde an Spitzenstandorten in Berlin noch 80 DM pro Quadratmeter Bürofläche bezahlt, Mitte 1999 gab es gerade noch 45 DM. In Leipzig fielen die Spitzenpreise von 45 DM im Jahr 1993 auf 22 Mark. Teuer könnte es für die Anleger werden, wenn die Mietgarantien (oft fünf Jahre, ob das Objekt vermietet ist oder nicht) auslaufen. Fonds könnten in Bedrängnis kommen. Viele Anleger bestanden auf der Verlustzuweisung von 100 %, um durch die erweiterte Haftung mehr Steuern sparen zu können. Wird der Fonds notleidend, müssen solche Anleger Geld nachschießen. Weiter besteht die Gefahr, dass das Finanzamt, wenn die Anlage keinen langfristigen Gewinn abwirft, die Steuervergünstigung nicht anerkennt und eingesparte Gelder zurückverlangt.[231]

Beachten sollten Sie grundsätzlich, dass der Immobilienmarkt über Jahrzehnte spekulativ überbewertet wurde. In der Krise werden die Preise wieder auf ein realistisches Niveau zurückgeführt. Auch Bauland ist spekulativ überbewertet. In Europa hat Deutschland, neben der Schweiz, die höchsten Baulandpreise. Es drängt sich der Vergleich zu Asien auf: In Japan waren die überbewerteten Grundstückspreise eine der Ursachen für die Wirtschaftskrise seit Anfang der 90er Jahre. Während des Höhepunktes der spekulativen Phase Anfang der 90er war der Grund und

Boden, auf dem nur der japanische Kaiserpalast steht, soviel wert wie der ganze amerikanische Bundesstaat Kalifornien.[232]
Nicht vergessen werden sollte auch, dass sich in Großbritannien und vor allem in den USA bereits wieder eine Immobilien-Preisblase ausgebildet hat. Dabei wurden die Hauspreise um bis zu 40 % jährlich nach oben getrieben! Inzwischen sind bereits zwei Drittel der Amerikaner durch Verschuldung in das vermeintlich lukrative Geschäft eingestiegen.[233] Bei einem Platzen der Spekulationsblase ist zu erwarten, dass dies weltweit auf den Immobiliensektor Auswirkungen hat und auch bei uns die Preise kräftig drücken wird.
Bei Immobilien und Grundstücken sollten Sie bedenken, dass diese eine sehr wenig liquide Anlageform darstellen. In der Krise fallen Ihre Mieteinnahmen oder gehen auf Null zurück, weil keine Mieter mehr zu finden sind, oder diese die Miete nicht mehr zahlen können. Auch verfallen die Preise in der Deflation massiv. Oft können Sie dann selbst zu geringen Preisen gar keinen Verkauf mehr machen, weil die Interessenten fehlen. Wenn Sie die Immobilie auf Schuldenbasis erworben haben, ist die Gefahr noch viel größer – davon ist auf jeden Fall abzuraten.
Wie schon ein kleiner wirtschaftlicher Einbruch die Immobilienbesitzer hart treffen kann, zeigte sich im Jahr 1988, als in England der Häusermarkt zusammenbrach, die Immobilienpreise durch eine kleinere Wirtschaftskrise zu fallen begannen. Viele Käufer waren plötzlich mit Hypothekenschulden belastet, welche den Wert ihrer Häuser bei weitem überstieg. Stark gestiegene Zinsen machten darüber hinaus eine Rückzahlung der Schulden unmöglich, Zwangsversteigerungen waren die Folge.[234]
Im zu erwartenden Krisenszenario wird das Ausmaß noch viel größer sein. Mit einer schuldenbeladenen Immobilie sind Sie dann schnell am Ende. Schon heute sind Banken nach einem Urteil des Bundesgerichtshofs dazu berechtigt, den Kreditvertrag zu kündigen, wenn sich eine „wesentliche Vermögensverschlechterung“ bei Ihnen einstellt. Dieser Fall ist schon gegeben, wenn Sie nur arbeitslos werden.[235] Das Haus wird dann von der Bank ganz schnell zwangsversteigert.

Warten Sie deshalb besser mit einem beabsichtigten Hauskauf bis zur Deflation und kaufen Sie dann die gewünschte Immobilie zu einem Bruchteil des heutigen Wertes auf!
Anders sieht es aus, wenn Sie eine schuldenfreie Immobilie schon besitzen, welche vermietet ist. Hier ist durchaus daran zu denken, insbesondere, wenn genug liquide Mittel für die Krise vorhanden sind, diese zu halten. Auch nach dem Crash werden wieder Häuser benötigt, welche bei einem Währungsschnitt unter Umständen sogar Vorteile versprechen. Auch die eigengenutzte Immobilie ist in der Krise sehr nützlich, da Sie dann nicht vom Vermieter abhängig sind. Nur sollte dies nicht mit dem Verlust der Freiheit durch Kreditbindung bezahlt werden.
Eine Bedrohung wäre in der Krise durch massive Steuererhöhungen gegeben. Da im Zinssystem die Bedienung des Kapitals absoluten Vorrang hat, wäre es möglich, dass der Staat die Grundsteuer drastisch anhebt, um die Staatsschulden weiter verzinsen zu können. Wenn Sie dann keine Rücklagen mehr haben, um die Steuerforderungen ausreichend zu erfüllen, kommen Sie unter Umständen in arge Bedrängnis.

- Die Immobilienpreise sind spekulativ überbewertet und verfallen in der Krise. Verluste sind die Folge.
- Auf Kreditbasis gekaufte Häuser sind sehr riskant und in der Krise wird die Finanzierung schnell unmöglich.
- Die eigengenutzte, schuldenfreie Immobilie sichert in der Krise die Unabhängigkeit.

„Heute, so rechnet der Gata-Vorsitzende Bill Murphy, müsste der Goldpreis bei freiem Markt über 600 Dollar pro Unze liegen. Müsste. ... Drängt der Kurs zu sehr nach oben, so behaupten die Kritiker, wird Gold in New York und London, den wichtigsten Handelsplätzen, auf den Markt geworfen. ‚Die Zentralbanken sind bereit, Gold in großen Mengen zu verleihen, falls der Preis steigt', bestätigte Greenspan im Juli 1998 vor dem Bankenkomitee des US-Repräsentantenhauses. Für Howe (Berater des Gold Anti Trust Kommite d. A.) ein klarer Fall: „Das Statement kommt der Erklärung gleich, dass der Goldpreis kontrolliert wird."

Der Spiegel, 2/2001

Gold/Edelmetalle

Gold: Nach einem steilen Anstieg der Goldpreise bis Anfang der 80er Jahre verlor das Edelmetall an Wert (Abb. 20). Nur die wenigsten Experten rechnen mit einer nachhaltigen Erholung. Besonders heute werden Sie als Anleger darauf hingewiesen, dass Gold keine Zinsen abwerfe und nur Aufbewahrungskosten verursache. Weiter wird betont, dass das Edelmetall auch in Krisenzeiten, wie dem Irak-Konflikt 1991, kaum an Wert gewonnen hat. Deshalb wird offiziell von einer Anlage abgeraten.[236] Die Erwartung eines Preisverfalls wird im Allgemeinen mit einem Abbau von weltweiten Notenbankreserven begründet. Im Durchschnitt der 80er Jahre betrug der Goldanteil als Sicherheitsreserve der Notenbanken rund 44 %. Bis Mitte Jahres 1998 war dieser Anteil auf nur noch 14 % geschrumpft.[237] Der IWF könnte maximal 300 Tonnen, die Schweizer Nationalbank 1300 Tonnen verkaufen, was den Goldpreis enorm drücken würde.[238] Beim Goldverkauf der Notenbanken fällt auf, dass die geplanten Verkäufe nicht, wie in der Vergangenheit, ohne Aufsehen über einen längeren Zeitraum geschehen, sondern diese lange vor den Aktionen öffentlich angekündigt werden. Damit schaden sich die Banken selbst, da sofort nach einer Ankündigung der Preis des Edelmetalls, in Erwartung eines steigenden Angebotes, weiter fällt. Von kritischen Experten wurde schon geäußert, dass die Ankündigungen absichtlich erfolgen, um den Preis des Goldes künstlich zu drücken, damit bestimmte Institutionen dieses günstig auf dem Markt aufkaufen können. Wie sehr die Experten bei der Annahme sinkender

Preise irrten, zeigte sich Ende September 1999, als der Goldpreis innerhalb weniger Tage plötzlich um 30 % anstieg. Ähnliches wiederholte sich Anfang des Jahres 2000 nochmals. Offensichtlich deckten sich finanzkräftige Investoren mit großen Mengen des Edelmetalls ein. Im weiteren Verlauf begann der Goldkurs plötzlich stark zu sinken, obwohl er nach der normalen Markentwicklung hätte weiter steigen müssen. Es wurde vermutet, dass große Spekulanten in eine finanzielle Krise kamen und sich dadurch eine weltweite Liquiditätskrise hätte entwickeln können. Notenbanken drückten daraufhin den Goldpreis künstlich unter 300 Dollar.[239] Deutlich wird an dem Beispiel, dass Gold im Krisenfall durchaus ein hohes Aufwertungspotential hat. Doch da Gold in Dollar ausgepreist wird, könnte ein gegenüber dem Euro sinkender Dollarkurs den Gewinn beim Gold kompensieren. Weiter ist in dem wahrscheinlichen Szenario Deflation nicht mir einem hohen Anstieg zu rechnen. Gold darf daher keinesfalls als „sichere Bank“ betrachtet werden.

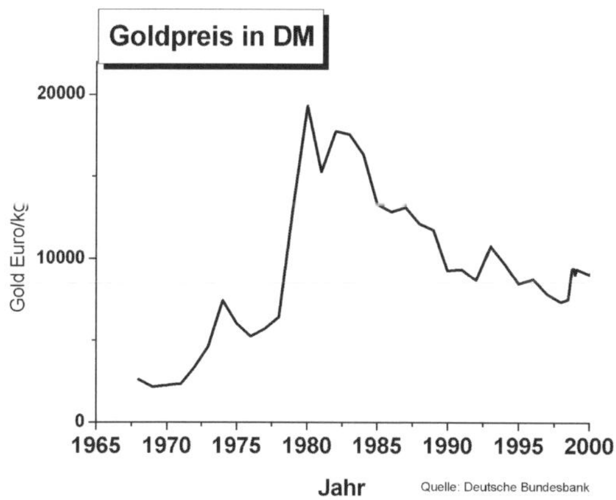

Abb. 20: Entwicklung des Goldpreises

Gold eignet sich lediglich als Inflationsschutz. Als Anlageform eignen sich vor allem weitverbreitete Münzen, welche noch als Zahlungsmittel im Umlauf sind. Im Gegensatz zu Barren besteht hier beim Verkauf eine größere Sicherheit vor Fälschungen, da die Echtheit eines Barrens in der Krise vielleicht nicht mehr auf die Schnelle nachzuweisen ist. Als Münzen kommen vor allem solche in Betracht, bei denen nur geringe Prägekosten anfallen und welche aus reinem Gold bestehen. Hier sind vor allem der kanadische Meaple Leaf und der australische Nugget zu nennen. Im Gegensatz dazu hat der bekannte südafrikanische Krügerrand über 9 % Beimischungen aus Kupfer (bei gleichem Goldgehalt, d. h. die Münze ist entsprechend schwerer), welche im Krisenfall unter Umständen den Tauschwert herabsetzen. Die Münzen sollten auch nicht zu klein sein, da sonst der Preis pro Gramm Gold zu hoch ist. Gute Größen sind eine bzw. eine halbe Unze. Abzuraten ist von Sammlermünzen, bei denen der Materialwert nur einen Teil des Gesamtpreises ausmacht. Solche Münzen verlieren in der Krise sehr stark an Wert, da dann nur noch der Materialwert entscheidend ist. Beschädigungen und Kratzer auf den Münzen sollten Sie unbedingt vermeiden, da ansonsten empfindliche Kursabschläge beim Verkauf drohen. Vermeiden sollten Sie Anteilscheine an Golddepots, da diese unter Umständen in der Krise wertlos werden. Allerdings muss beachtet werden, dass Gold ebenfalls eine sehr wenig liquide Anlageform darstellt, welche im Krisenfall nicht schnell strategisch eingesetzt werden kann.

Auch neigen Staaten dazu, in Krisenzeiten Besitzverbote für Gold zu erlassen. Interessant ist in diesem Zusammenhang die schweizerische 20-Franken-Goldmünze: Bei den Goldverboten der 30er Jahre in den USA war dieses Geldstück das einzige, welches nicht verboten wurde.

Auf keinen Fall sollten Sie jedoch Ihre lebensnotwendigen Mittel für einen Goldkauf einsetzen. Der Verdacht, dass nach dem Platzen der Aktienblase die Leute unter Umständen in eine Goldblase getrieben werden sollen, erhärtete sich, Anfang 2002: In Japan wurden durch ganzseitige Anzeigen in großen Zeitungen, Call-Centers und landesweite Seminare über Gold, unterstützt von populären Politikern und Wirtschafts-Professoren, versucht, die Leute zum Edelmetallkauf zu animieren. Dies trieb den Goldkurs auch bald weit über 300 Dollar.[240] Auch in deutschen Zeitungen erschienen entsprechende Berichte. Es stellt sich die Frage, warum gerade das bisher verschmähte Gold plötzlich wieder wärmstens zum Kauf empfohlen wurde, wenn dahinter nicht ganz andere Hintergedanken stehen würden. Sie müssen bedenken, dass Gold, nach Ende des Goldstandards, heute auch nur noch ein normales Metall ist. Am Anfang des Zusammenbruchs ist zu erwarten, dass der Kurs zuerst psychologisch getrieben sprunghaft nach oben geht. Im weiteren Verlauf der Deflation sind jedoch immer mehr Goldbesitzer dazu gezwungen das Edelmetall zu verkaufen, um den Lebensunterhalt zu finanzieren – dann wird Gold wieder drastisch im Preis verfallen. Aus diesem Grund ist Gold als Risikostreuung zu empfehlen, vor einer ausschließlichen Geldanlage in Edelmetall ist jedoch dringend zu warnen. Auch unter einer Wirtschaftskrise müssen Sie mit Geld zum einkaufen gehen und erleiden unter Umständen Verluste, wenn Sie dazu gezwungen sind, das Gold dann zu jedem Preis zu verkaufen. Selbstverständlich muss das Gold auch sicher, beispielsweise in einem versicherten Schließfach der Bank, untergebracht sein.

Silber: Ähnlich wie bei Gold war die Preisentwicklung beim Silber. Schon Ende 2000 sackte der Preis auf ein tiefes Niveau, und es wurde erklärt, dass die Nachfrage aus der Industrie und der Schmuckherstellung weiter rückläufig sei.[241] Zu denken gibt allerdings, dass sich zwei Milliardäre weltweit stark in den Silbermarkt eingekauft haben. Am spektakulärsten war das große Engagement des amerikanischen Milliardärs Warren Buffet, der Anfang 1998 ein Viertel des gesamten Silbermarktes aufkaufte, ohne dass jemand konkrete Gründe dafür finden konnte. Interessant ist auch, dass es für Silber bisher in Wirtschaftskrisen keine Besitzverbote, wie für Gold, gegeben hat. Eine Anlage in Silber kann sich also durchaus als lohnend erweisen. Da die Spanne zwischen Ankauf- und Verkaufkurs sehr hoch ist, empfehlen sich vor allem Gedenkmünzen, welche auch als Zahlungsmittel gelten. Das Verhältnis zwischen Silbergehalt und Kaufpreis ist leider bei den 10-Euro-Gedenkmünzen (ca. 17 g Silber) deutlich schlechter als beispielsweise bei den 10-DM-Gedenkmünzen (14,4 g Silber bei Prägung nach 1998). Da diese Geldstücke auch als normales

Zahlungsmittel gelten und nicht mehr als die 10 Euro Nennwert kosten, ist kein Risiko mit dem Kauf verbunden. Besonders gut ist das Verhältnis Kaufpreis zu Silbergehalt bei der alten 25-Schilling-Silbermünze aus Österreich (10,4 g Silber) – mit Aufschlag bei österreichischen Münzhändlern zu erhalten.

Platin, Palladium: Nicht zu raten ist der Kauf von Platin oder Palladium, da diese Metalle künstlich in den letzten Jahren nach oben spekuliert wurden. Auch ist in einer Krise die Echtheit nur schwer nachzuweisen, weswegen diese Metalle kaum zur Absicherung geeignet sind.

- Eine teilweise Goldanlage sichert das Vermögen langfristig in einer Krise.
- Münzen vor Barren kaufen
- Keine Anteilsscheine an Golddepots
- Silber in Form von Gedenkmünzen
- Lebensnotwendige Mittel sollten nicht zum Goldkauf eingesetzt werden.

Derivate

Die Anzahl der Derivate, also Wertpapiere, welche sich auf einen bestimmten „Basiswert“, wie einen Index, einen Aktienkurs oder einen Währungskurs, beziehen, sind in den letzten Jahren fast explodiert. Dies gilt insbesondere für Deutschland. Man unterscheidet zwischen Indexprodukten und gehebelten Produkten. Letzte ermöglichen in kurzer Zeit erhebliche Gewinne, bergen aber auch das Risiko des schnellen Totalverlusts. Solche Investitionen sind nur für Leute interessant, welche „Geld übrig haben“, die sich also einen größeren Verlust leisten können. Für einen umfassenden Einsatz dieser Instrumente ist zudem die Termingeschäftsfähigkeit erforderlich. Außerdem führt dauerhaft nur eine ausgeprägte Erfahrung zum Erfolg. Lassen Sie also besser die

Finger von Zertifikaten, Optionsscheinen, Mini-Futures oder Click-Options!

„Die Zinssätze machen schwindelig: Bis zu 34 Prozent zahlen einige Banken bei so genannten Aktienanleihen auf das eingesetzte Geld. Diese Mischformen aus Aktienoption und Anleihe kommen an beim Kunden. Wo bieten seriöse Anbieter sonst zweistellige Renditen? Doch die scheinbare Wundertüte entpuppt sich oft als Mogelpackung. Zwar ist der Zinssatz dem Anleger sicher - doch sein eingesetztes Kapital kann sich im Falle eines Kurssturzes der zu Grunde liegenden Aktie drastisch vermindern."
Die Welt, 25.1.2001

Aktienanleihen: Einen großen Aufschwung erlebten in den letzten Jahren auch Aktienanleihen. Auf die Anlagesumme wird oft ein Zins von bis zu 20 % gezahlt. Dabei besitzt die Aktienanleihe einen Basispreis auf eine bestimmte Aktie. Wird diese Grenze unterschritten, so wird dem Anleger am Laufzeitende eine bestimmte Menge Aktien ins Depot gebucht. Wird der Basispreis überschritten, wird der Anlagebetrag mit Verzinsung ausbezahlt. Inzwischen sind verschiedene Varianten dieser Aktienanleihen auf dem Markt erschienen.[242] Für einen Crashfall sind solche Anlageprodukte für Sie kaum geeignet, da Sie einmal Ihr Geld nicht liquide, sondern fest bis Laufzeitende gebunden haben und andererseits nach einem Aktiencrash wertlose Aktien ins Depot gebucht bekommen. Für den Emittenten stellt solche eine Aktienanleihe im Prinzip eine Absicherung der eigenen Aktienbestände dar, welche Sie als Käufer der Anleihe gewähren. Daher werden gern Aktienanleihen auf besonders von einem Kursrückgang bedrohte Aktien ausgegeben. Ende 2003 sind das beispielsweise die Commerzbank und die Firma SAP. Sie stellen der Bank im Prinzip einen Optionsschein aus, welcher die Bank berechtigt, Ihnen zu einem bestimmten Zeitpunkt Aktien zum festgelegten Kurs zu verkaufen. Das Risiko tragen im Krisenfall Sie.[243] Zu beachten ist, dass das Risiko dieser Anlageform umso größer ist, je höher der Zinssatz der Anleihe ist. Den Gewinn dabei macht immer die Bank. Nicht umsonst werden die erzielten Erträge aus diesen Geschäften geheimgehalten. Besonders riskant sind noch höher verzinste Doppel-Aktienanleihen, bei denen die Bank bei der Rückzahlung zwischen zwei verschiedenen Aktien wählen kann. Ihnen werden dann die Aktien ins Depot gebucht, welche im Crash am meisten eingebrochen sind.[244] Wie riskant und wenig lukrativ diese Anlageform oft ist, wird beispielsweise an der Statistik eines Emittenten deutlich: Beim Marktführer Sal. Oppenheim rutschte beispielsweise im Jahr 2000 ein Drittel der Aktienanleihen unter die Marke, d. h. es wurden die im Wert geminderten Aktien statt der Geldsumme abgegeben.[245]

- Aktienanleihen sind in der Krise von massivem Verlust bedroht.
- Am meisten Gewinn (allerdings auch das größte Risiko) versprechen Scheine, bei denen die Basis weit vom gegenwärtigen Kurs entfernt ist.

Auslandsanlage

Bei Auslandsanlagen können Sie auch unter normalen Umständen sehr schnell Verluste einfahren. So gab beispielsweise eine deutsche Großbank sogenannte Ecuador-Synthetics heraus. Die Wertpapiere dienten der Bank zur Absicherung eines Verlustes und wurden für die Anleger mit 14,5 % verzinst. Als Ecuador im Herbst 1999 die Zahlungsunfähigkeit erklärte, waren die Papiere sofort wertlos, obwohl die Bank das Abwälzen des Risikos auf die Kunden große Gewinne einfahren konnte.[246] Als fatal könnte sich eine unsichere Auslandsanlage im Crashfall erweisen, weshalb für Ihre Geldanlagen im Ausland die Liquidität noch wichtiger ist als für Inlandsanlagen. Im Krisenszenario ist unter Umständen der normale Verkaufsweg versperrt, oder der Handel mit Ausländern wird ganz eingestellt. Hier muss schon im Vorfeld einer Krise gehandelt werden, was nur mit kurzfristiger Zugriffszeit möglich ist. Unbedingt gemieden werden sollten Länder mit festen Wechselkursen, da hier die Gefahr von Währungskrisen vorhanden ist. Auch Staaten mit instabilen politischen Systemen sind zu meiden. Gleichfalls müssen selbstverständlich Nationen vermieden werden, welche eine hohe Verschuldung aufweisen, wie beispielsweise Japan oder China. Die USA stellen, entgegen einer verbreiteten Meinung, kein sicheres Land dar. Einmal ist Amerika weltweit politisch verwickelt, was zu empfindlichen Terroranschlägen führen kann, zum zweiten stellt das hohe Leistungsbilanzdefizit eine große Gefahrenquelle dar. Früher oder später wird es zu einer plötzlichen Marktkorrektur kommen, was ein starkes Absinken des Dollars und einen empfindlichen Schock für die Wirtschaft bedeuten wird. Noch kritischer wird es für Anlagen in Amerika, wenn sich die militärischen Aktionen der USA weiter ausweiten. Dann kann es auch schnell zum Einfrieren oder Beschlagnahmung von Anlagevermögen kommen. Die entsprechenden Gesetze dafür stammen aus dem Ersten Weltkrieg und wurden immer wieder den sich ändernden Zeiten angepasst. Zu dieser Maßnahme reicht es aus, wenn Staaten für die USA als „Feindstaaten" deklariert werden und sie dann gerade in solch einem Land leben.[247] Bei Berücksichtigung dieser Kriterien bleiben eigentlich für Sie fast nur noch europäische Länder, wie beispielsweise die Schweiz übrig. Der Schweizer Franken hat auch den Vorteil, dass er nicht im Europäischen Währungssystem vertreten ist. Als Krisenwährung hat er sich bewährt: Bisher konnte der Schweizer Franken in jeder Krise (bspw. Weltwirtschaftskrise, Abb. 21) oder Krieg (Erster und Zweiter Weltkrieg) mit deutlichen Kursgewinnen gegen den US-Dollar, das britische Pfund und die deutsche Mark gewinnen. Erneut zeigte sich dies nach dem 11. September 2001.

- Die USA sind als Anlageland zu meiden.
- In Europa ist beispielsweise die Schweiz interessant.
- Vermeiden Sie Anlagen auf unsichere Auslandswährungen!

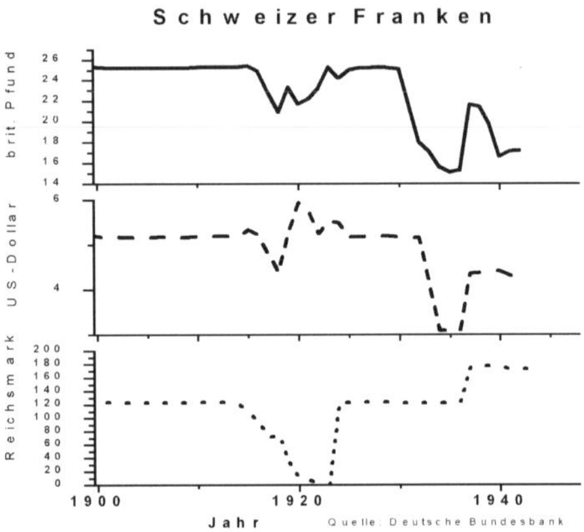

Abb. 21: Krisenwährung Schweizer Franken (fallende Kurve = steigender SFr Kurs)

„Der Sturm legt sich nicht, wenn man das Barometer zerbricht."
Andre Astoux

Krisenplan

Egal für welche Anlageform Sie sich entschieden haben, Sie sollten sich einen Krisenplan überlegen. Hier müssen Sie Möglichkeiten festlegen, welche es erlauben, im Krisenszenario schnell Ihr Vermögen zu sichern. Laufend sollte die Liquidität Ihrer Anlage überprüft werden. Die entscheidende Frage lautet: Wie schnell kann über einen bestimmten Teil des Vermögens verfügt werden? Dabei sollten sich Ihre verschiedenen Anlagen nicht in der Liquidität überschneiden. Das heißt, es sollte nie vorkommen, dass der Großteil Ihres Vermögens in einem Zeitabschnitt völlig festgelegt wurde. Schnelles Reagieren ist für Sie im Krisenszenario entscheidend – Zeit ist Geld. Selbstverständlich sollten Sie den Markt laufend überwachen, um unter Umständen rechtzeitig vorgewarnt zu sein. Alle aus dem normalen Verlauf herausragenden Schwankungen sind zu beachten. Fällt beispielsweise der Dollar plötzlich oder fallen die Anleihekurse, so ist größte Vorsicht geboten. Ihr Krisenplan sollte auch ein Worst-Case-Szenario, also eine Handlungsmöglichkeit für den schlimmsten anzunehmenden Fall, enthalten. Was machen Sie mit Ihren Vermögensanlagen, wenn durch eine Krise plötzlich die Bankschalter geschlossen bleiben? Auch hier sollten Sie eine Lösung gefunden haben, welche zumindest eine eintretende Not verhindert. Auf keinen Fall dürfen Sie sich auf Arbeitslosenunterstützung oder Sozialhilfe verlassen, da diese in der Krise schnell gekürzt oder gestrichen werden. Das Motto lautet dann: Hilf Dir selbst, sonst hilft Dir keiner!

Wie sieht nun ein Krisenplan aus?
Dass man sich bei dieser wichtigen Frage kaum auf Experten verlassen sollte, haben wir bereits gesehen. So raten diese beispielsweise dazu, 90 % eines Vermögens allein in Wertpapiere, wie Aktien (60 %) und Anleihen (30 %) zu stecken, welche in einem Crash innerhalb kurzer Zeit wertlos wären.[248] Der Anleger

stände dann genau in dem Moment mittellos dar, wo er sein Vermögen für die Krise bräuchte.
Bei einer richtigen Vermögensanlage geht es deshalb in erster Linie darum, den lebensnotwendigen Vermögensteil gegen die möglichen Krisenszenarien abzusichern. Da die meisten Krisen zu einer Deflation führen, sind hier Barmittel entscheidend. Was für uns in Europa hinzukommt, ist die Unsicherheit mit dem Euro. Als Ausweichwährung für uns bietet sich hier der Schweizer Franken an. Er ist international anerkannt und von der geographischen Nähe für uns auch im Krisenfall verfügbar.
Im Krisenplan könnten Sie Ihr Vermögen in einer Art „Zwiebelmodell" stufenweise absichern: Wenn Sie beispielsweise 50.000 Euro besitzen, dann könnten Sie Ihr Vermögen in einen abgesicherten, einen teilweise abgesicherten und einen normal investierten Betrag aufteilen. So können Sie beispielsweise 15.000 Euro für den äußersten Notfall absichern, indem Sie für 5000 Euro Goldmünzen kaufen, 5000 Euro in Schweizer Franken bar wechseln und 5000 Euro als Bargeld im Schließfach Ihrer Bank deponieren. Diese Notsicherung gewinnt im Krisenfall durch deflationäre Aufwertung einen ungeheuren realen Wert und sichert Ihnen einen Mindestlebensstandard. Am besten ist es, wenn Sie mehrere Schließfächer bei unterschiedlichen Banken eröffnen und das Geld dort verteilen. Achten Sie in jedem Fall auf eine ausreichende Versicherung des Depotinhaltes über die Bank!
Die anderen 35.000 Euro könnten Sie dann wieder aufteilen in einen Teil, welcher beispielsweise in einen *Geldmarktfonds* investiert, als *Termingeld* angelegt und auf *Sparbücher* eingezahlt wird. Stets ist darauf zu achten, dass das Geld in vollem Umfang über den Einlagensicherungsfonds der Bank abgesichert ist. Selbstverständlich sollten die Gelder täglich verfügbar sein. Gut sind auch *Geldmarktkonten*, bei welchen der eingezahlte Betrag garantiert und täglich verfügbar ist. Als schnell einsetzbare Reserve könnte ein Teil des Vermögens auf dem Girokonto verbleiben, sofern dieses noch eine Rendite bringt. Dieser Anteil sollte schnellstmöglich im Krisenfall verfügbar sein, womit täglich fäl-

lige Geldmarktfonds und die Verteilung auf mehrere Sparbücher günstig ist.
Beträge, die über 50.000 Euro hinausgehen, können Sie normal investieren, also in möglichst kurzfristigen Staatsanleihen, als Festgeld auf der Bank oder in einem Renten- oder Aktienfonds geben. Sie sollten nicht irgendwelchen Modetrends nachlaufen, wie Windkraft-, Schiffs- oder Medienfonds. Auch kurzlaufende Anleihen fremder Staaten sind hier in Betracht zu ziehen. Der Erwerb einer Immobilie ist nur dann empfehlenswert, wenn diese praktisch ohne Verschuldung finanziert werden kann und dabei die Krisensicherung nicht angegriffen werden muss.
Die 15.000 Euro gesichertes Vermögen dienen Ihnen als Absicherung für einen Zusammenbruch und sollten nie riskiert werden. Wer weniger als 15.000 Euro besitzt, sollte überhaupt nichts riskieren und sein Vermögen vollständig sichern.

- 15.000 Euro Vermögen als Euro/SFr/Goldanlage im Bankschließfach sichern.
- Beträge unter 15.000 Euro nicht riskieren.
- 35.000 Euro liquide in ständig verfügbare Sparbücher und Geldmarktkonten.
- Darüber hinausgehende Beträge in überlegte Anlagen investieren und absichern.

Folgend ein Schema zur Hilfe:

Geldvermögen Euro	
- Schulden Euro	
= tatsäch. Vermögen Euro	Wenn die Schulden größer als das Vermögen sind, hat der schnelle Schuldenabbau absoluten Vorrang vor allen anderen Investitionen
- Krisensicherung Euro 15.000	Goldinvestition 1/3
	Euro Bargeld 1/3 (evtl. teilw. Silbermünzen)
	SFr. Bargeld 1/3
= Investivbetrag	
- teilw. gesichert, z. B. Euro 30.000	Sparbücher
	Geldmarktfonds/-konten
	Girokonto
= sinnvolle Investition Euro	Renten, Aktien
	Konservative Fonds
	Anleihen stabiler Staaten
	(Hedge-Funds)

Checkliste

Anlageform	Tip	*Bemerkung*
Anlagebank	o Geld auf versch. Banken verteilen o schnelle Transaktionen müssen möglich sein o versichertes Schließfach	wichtig
Bargelddepot	o verteilen auf Euro/SFr o versicherte Schließfächer bei versch. Banken o kleine Scheine	Grundstock des Krisenplanes
Girokonto	o Gültig bei vielen Filialen o Universelle Automatenkarte für viele Banken	
Verschuldung	o Kredite und Vermögen bei der gleichen Bank o langfristiger Zinssatz	Unbedingt vermeiden bzw. abbauen
Aktien	o Stabile Versorgerwerte o Absichern mit Optionen	Kauf gut überlegen
Anleihen	o Kurzlaufende Anleihen von stabilen Staaten o Absichern mit Optionen	Nur teilweise Anlage
Fonds	o Kurzfristig, schnell	Besser eigene

	verfügbar o konservative Fonds	Anlage
Sparbuch	o Auf versch. Banken verteilen o Geld nicht festlegen o Gekündigt halten o Mehrere Sparbücher je 1500 Euro	Brauchbare Anlageform
Lebensversicherung	o kurzfristig, schnell kündbar o keine Absicherung von Krediten mit LV	möglichst vermeiden, keine "Steuerspar-modelle
Bauspar-vertrag	o kurze Laufzeit o schnell Kündigung möglich	
Immobilien	o kein Kauf auf Kredit o billig in der Deflation kaufen	
Gold/Silber	o Münzen vor Barren o geringe Prägekosten o reines Gold o keine Gold-Anteilsscheine o Silber	Teil des Krisendepots im Bankschließfach
Optionsscheine	o hohe Stückzahl/kleiner Preis o DAX put o Euro/$ call o Put auf Anleihen o Call auf Gold, Silber	Totalverlustrisiko beachten - nur für risikobewußte Investoren
Aktienanleihe	o vermeiden	
Auslandsanlage	o USA meiden o Schweiz möglich	
Krisenplan	o Bargeld (Euro, SFr), Gold	unbedingt

Währungsreform nach der Krise

Wie die Zustände nach einem Zusammenbruch des Kapitalsystems aussehen werden, kann nicht sicher vorhergesagt werden. Sie reichen von der Möglichkeit einer echten Währungsreform bis zur Möglichkeit eines neuen Weltkrieges. Jedoch sollte auch dieser Aspekt bei der sicheren Vermögensplanung angedacht werden. Oftmals lassen sich aus der Geschichte Schlussfolgerungen ableiten. Hier bieten die Währungsschnitte von 1923 und 1948 interessante Hinweise:

Währungsreform 1923: Nach der Hyperinflation 1923 wurde am 15. November 1923 eine Währungsreform eingeleitet. Dabei wurde eine Billionen Papiermark in eine Rentenmark umgetauscht. Der Wechselkurs zum Dollar wurde auf 4,2 Rentenmark = 1 Dollar festgesetzt. Bei der Rentenmark handelte es sich um ein Übergangsgeld, welches am 30. August 1924 von der goldgedeckten, frei konvertierbaren Reichsmark abgelöst wurde.[249]

Währungsreform 1948: Nach dem Zweiten Weltkrieg war die Wirtschaft in Deutschland weitgehend zerstört. Das Geld hatte seinen Wert durch Inflation und Kriegszerstörung verloren. Deshalb waren die Preise größtenteils staatlich festgelegt. Weil sich die Produktion unter diesen restriktiven Bedingungen nicht lohnte, reduzierte sich das Angebot weiter und es bildete sich ein Schwarzmarkt mit hohen Preisen. Unter Führung der USA entschlossen sich die Westmächte, im Westsektor eine neue Währung zu begründen, welche wieder die Tauschmittelfunktion übernehmen könnte. Erstaunlich war, dass die neuen Geldscheine ab November 1947 nicht in Europa, sondern in den USA gedruckt und vom 11. bis 15. Juni heimlich auf die elf Landeszentralbanken verteilt wurden. Dabei wurde schon 1946 das Programm beschlossen und ein Abwertungsverhältnis von 10:1, gekoppelt mit einem Lastenausgleich, festgelegt. Der Lastenausgleich sollte durch Zwangshypotheken und Kapitalabgaben derjenigen finanziert werden, die ohne Verlust von Sachbesitz, den

Krieg überstanden hatten. Das heißt, dass sowohl Geld- als auch Immobilienbesitz von Verlusten betroffen waren. Die Aktion verlief weitgehend im geheimen, da erst am Abend des 18. Juni 1948 die Einzelheiten des Geldumtausches bekanntgegeben wurden. Es bestand also keine Möglichkeit für die Sparer, sich auf den Währungsschnitt einzustellen. Ab dem 20. Juni 1948 war die Reichsmark plötzlich ungültig, womit auch alle Schulden des Reiches erloschen. Die Anleger, welche ihr Vermögen dem Staat anvertrauten, mussten deshalb kräftige Verluste verbuchen. Hier zeigte sich der Nachteil von Geldforderungen gegenüber Bargeld, da Bargeld deutlich leichter und zu besseren Konditionen umgetauscht werden konnte. Sechzig D-Mark wurden für jeden Einwohner im Austausch von sechzig Reichsmark abgegeben. Bemerkenswert war, dass das Kleingeld, auf ein Zehntel seines Nennwertes herabgesetzt, im Umlauf blieb. Letztlich wurden, inklusive des Buchgeld-Umtauschs, 100 Reichsmark gegen 6,50 D-Mark eingetauscht. Bankguthaben wurden allerdings besonders zögernd eingewechselt, da derjenige, der mehr als fünftausend Mark anmeldete, Unbedenklichkeitsbescheinigung vom Finanzamt brauchte, und dazu Einkommensnachweise und Steuererklärungen vorlegen musste. Der Betrag wurde selbst dann nicht vollständig umgewechselt und ausgegeben, sondern landete auf einem Sperrkonto. Am Ende wurden dann aus 1000 Reichsmark Bankguthaben nur noch 65 D-Mark. Buchgeld bedeutete also selbst in Erwartung eines Währungsschnittes gegenüber dem Bargeld einen großen Nachteil. Auch im Handel hatte das inzwischen aufgekommene Gerücht von einem bevorstehenden Währungsschnitt deutliche Konsequenzen: So verschwanden schon vor dem 20. Juni 1948 die Waren aus den Läden. Nach Einführung der D-Mark waren die Schaufenster demgegenüber sofort gefüllt, weil jeder das neue Geld durch Verkäufe verdienen wollte, und die Preise begannen durch den Ausverkauf zu steigen. Mit der Währungsreform trat das „Gesetz über Leitsätze für die Bewirtschaftung und Preispolitik nach der Geldreform“ in Kraft, welches vor allem die freie Preisbildung, mit den Ausnahmen beispielsweise von Kohle, Stahl, Düngemitteln und Treibstoff regelte, für welche Höchstpreise von den Behörden festgesetzt wurden. Warenbesitz versprach in dieser Phase deutliche Gewinne. Interessant ist es hier, zu untersuchen, wer an dem Währungsschnitt verdiente und wer verlor: Die Währungsreform begünstigte dabei einseitig die Besitzer von Sachwerten gegenüber den Inhabern von Geldwerten. Um diesen Umstand wenigstens teilweise auszugleichen trat im September 1952 das Lastenausgleichsgesetz in Kraft, das vor allem durch Abgaben auf Grund- und Immobilienbesitz finanziert wurde.[250]

Lastenausgleich: Die Grundlage war ein Gesetz, welches unter dem Namen Soforthilfegesetz bekannt wurde und im August 1949 in Kraft trat. Die Hilfe kam nur denjenigen zugute, welche durch den Krieg materiellen Schaden erlitten und bestand aus einer monatlichen Unterhaltshilfe von 70 Mark. Diese mit Rechtsanspruch ausgestattete Rente war nicht höher als Leistungen, welche bis dahin an die Vertriebenen ausgezahlten wurden. Bezahlen mussten diese Maßnahme die Grund- und Immobilienbesitzer, welche durch 2-3-prozentige Vermögensabgaben und eine Hypothekengewinn-Abgabe belastet wurden. Vertriebene bekamen von dem Betrag für ihren nachgewiesenen Schadensbetrag eine umgekehrt proportionale Entschädigung gestaffelt von 95 % (für Schäden unter 5000 Reichsmark) bis 6,5 % (für Schäden über 1 Million Reichsmark). Die Beträge des Lastenausgleichs beliefen sich von 1949 bis 1991 auf 121,2 Mrd. DM (61,9 Mrd. Euro).[251]

Schlussfolgerungen zur Währungsreform: In den beiden Währungsreformen handelte es sich eigentlich um Währungsschnitte. Das Geldsystem wurde nicht geändert (Reform), sondern es wurde nur das alte Geld in eine neue Währung umgetauscht. Die Fehler im System wurden jedoch nicht angetastet, wodurch die nächste Katastrophe vorprogrammiert ist. Bisher wurde nach einer Krise meist der Geldwert vermindert. Besonders Anleger in Geldforderungen bei der Bank verloren einen Großteil des Vermögens. Sie hatten keinen Zugriff auf ihr Geld und waren auf das

Wohlwollen der Regierung angewiesen. Gold hat sich in solchen Zeiten, zumindest langfristig, immer bewährt. Da eine Krise im allgemeinen als Deflation beginnt und unter Umständen später unter einem Krieg in einer Inflation endet, ist für Sie eine flexible Anlagestrategie vonnöten. Der kluge Anleger setzt vor der Krise auf liquide Geldanlageformen, um in der Deflation bei fallenden Preisen auf die Sachkapitalseite zu wechseln.

Jede Krise ist einmal ausgestanden. Dies soll auf keinen Fall unerwähnt bleiben. Wenn dieser Punkt gekommen sein wird, müssen Sie Ihre Strategie wiederum anpassen. Mit einer Inspiration dafür soll das Buch ausklingen. Es handelt sich um ein Kapitel aus einem Ratgeber von Frank Sichla:

Wie ein Verrückter reich wurde

John Templeton gilt nicht nur als einer der bekanntesten und erfolgreichsten Fondsmanager, sondern auch als ein reicher Geschäftsmann. Das Geheimnis seines Reichtums geht darauf zurück, dass er vor dem Zweiten Weltkrieg einfach die 100 Aktien mit den niedrigsten Kursen kaufte. Das war 1939 - zehn Jahre nach dem Schwarzen Freitag. Nach einigen Comeback-Versuchen lag der Dow Jones immer noch zwei Drittel unter dem Top von 1929. Die meisten Leute waren durch ihre permanent gescheiterten Versuche, am Aktienmarkt Geld zu verdienen, zermürbt und hatten aufgegeben. Das Handelsvolumen war daher gering, lag etwa bei einem Drittel dessen, was einst in der Spitze umgesetzt wurde. Die Investoren hatten ihre Hoffnungen in den Jahren der Stagnation größtenteils begraben. John Templeton traf in dieser Situation also eine den meisten Menschen verrückt vorkommende eine Entscheidung. Zudem noch, weil er das Ganze auf Pump finanzierte. Er lieh sich nämlich von seinem Boss 10.000 Dollar, um von jeder Aktie an einer der großen Börsen, die unter einem Dollar notierte, 100 Stück zu kaufen. Hier erkennen wir zwei Dinge, die wichtig sind:

Die Aktien waren auch optisch billig, und es wurde diversifiziert.

Der Plan schien wirklich verrückt und riskant. Templeton kümmerte sich nicht darum, dass einige dieser Gesellschaften fast pleite waren bzw. schwache Fundamentaldaten zeigten. Er glaubte an die Idee, dass es gerade die Kleinen sein würden, die bei einer allgemeinen Markterholung am meisten profitieren würden. Die Geschichte gab ihm Recht: In den folgenden vier Jahren kletterte der Buchwert seiner Aktien auf über 40.000 Dollar, und das bei noch schwierigen Marktbedingungen.
Es gibt keinen Grund zu der Annahme, dass dieses Rezept heute oder morgen nicht auch noch gültig wäre.

„Erfolg hat nur, wer etwas tut, während er auf den Erfolg wartet."
Thomas A. Edison

Zusammenfassung und Schlussfolgerungen

Die Analyse der Vermögensanlage hat uns gezeigt, dass der wichtigste Schritt zu einer sicheren Anlage darin besteht, selbst die Verantwortung für sein Eigentum zu übernehmen. Auf die meisten Experten ist ebenso wenig Verlass wie auf Aussagen von Notenbanken. Als einzig sinnvolle Schlussfolgerung bleibt übrig, dass Sie selbst für sich ein Konzept für Ihre individuelle Anlage erarbeiten müssen. Dabei sind Grundlagen über unser Kapitalsystem entscheidend. Die Betrachtung der Geldentstehung hat uns gezeigt, dass im Geldwesen fundamentale Fehler enthalten sind. Geld soll heute einerseits die Funktion als Tauschmittel, andererseits aber die Aufgabe des Wertaufbewahrungsmittels erfüllen. Jedoch ist die Erfüllung beider Funktionen zur gleichen Zeit unmöglich, da Geld im Tresor nicht gleichzeitig Tauschmittel sein kann. Wir haben gesehen, dass aus diesem Zwiespalt der Geldzins resultiert, welcher die gesamte Wirtschaft zu ständiger naturfremder Expansion zwingt. Der Zins ist nun ein Faktor, welcher für die persönliche Vermögensplanung mehrere Gefahren mit sich bringt. Einmal führt er zwangsläufig zu einer Schuldenkrise, da die Verpflichtungen der Staaten in immer schnellerem Maße durch den Zinseszins anwachsen müssen. Dadurch entsteht auf den Staat ein finanzieller Druck, welcher die Regierungen zwingt, durch Erhöhung der Steuern und Abgaben den Zinsdienst zu ermöglichen. Der Masse der Anleger bleibt immer weniger Geld zum Vermögensaufbau übrig. Gleichzeitig wird ein großer Teil des Einkommens durch eine unrentable Zwangsanlage, die sogenannte Rentenversicherung, umgelegt. Durch das Zinssystem kommt es aber auch zu einer zunehmenden Aufspaltung der Gesellschaft in wenige Zinsbezieher und die Masse der Zinszahler. Wer viel Geld anlegen kann, bezieht einen hohen Zinsgewinn und wird dadurch automatisch reicher. Die übrige Bevölkerung muss direkt und indirekt für die Verzinsung des Kapitals arbeiten und

verarmt langfristig. Der Vermögensaufbau eines großen Teils der Bevölkerung wird dadurch verhindert. Langfristig tendiert der Zins gegen 0 %, weil die Märkte zunehmend gesättigt sind und der Absatz wie die Investitionen zurückgehen. Durch sinkende Investitionen nimmt der Kapitalbedarf ab, und der Zins geht zurück. Zurückgehende Kapitalzinsen lassen jedoch die Bereitschaft der Geldverleiher sinken, das Geld zu verleihen. Der Geldkreislauf kommt damit zunehmend ins Stocken, was wiederum die Preise in einer deflationären Abwärtsspirale herunterdrückt. Durch steigende Unternehmerpleiten und Bankenzusammenbrüche wird Ihr Vermögen gefährdet.
Eine weitere Gefahr für Ihr persönliches Vermögen liegt in der Festlegung von Wechselkursen zwischen ungleichartigen Staaten. Durch die Abschaffung von Wechselkurspuffern bauen sich Spannungen auf, welche sich letztlich in Währungskrisen entladen. Hier stellt vor allem der Euro als gemeinsame Währung inhomogener Staaten eine nicht zu unterschätzende Gefahr für Ihr Vermögen dar.
Bei der Frage, welche Entwicklung erwartet werden kann, haben wir anhand der Weltwirtschaftskrise gesehen, dass sehr große Parallelen zur heutigen Zeit feststellbar sind. Einmal existiert überall eine enorme Verschuldung, gleichzeitig wurden die Börsen auf Rekordniveaus getrieben und die Wechselkurse wurden weiträumig festgesetzt. Bei der Frage, wie die Entwicklung weitergeht, konnten wir schnell erkennen, dass das offizielle Szenario eines ewigen Wachstums nicht auf Dauer funktionieren kann.
Als Auslöser für eine künftige massive Kapitalkrise kommen mehrere Szenarien in Betracht: Einmal könnte ein Aktiencrash ein weltweites Zurückziehen von Kapital, mit der Folge einer Deflation und über Bankenpleiten großen Vermögensverlust für Sie bewirken. Zum Zweiten könnte sich aus systeminternen Gründen eine Deflation entwickeln, welche wiederum einen Aktiencrash auslösen müsste, verbunden mit weitgehender Vermögensvernichtung. Auch die Gefahr von Währungskrisen, insbesondere für den Euroraum, stellt einen denkbaren Ablauf dar. Ebenso ist der Ausbruch einer weltweiten Schuldenkrise durch

Ausfall eines wichtigen Schuldners, wieder verbunden mit Kapitalrückzug, Deflation und Schaden für Ihr Vermögen, denkbar.

Bei der Verteilung des Geldvermögens konnten wir erkennen, dass dieses zunehmend in langfristige Anlagen umgeschichtet wurde.

Bei der Vermögensplanung spielt Ihre gewählte Anlagebank eine entscheidende Rolle. Diese sollte keinesfalls auf dem Kapitalmarkt spekulativ tätig oder in Investments weltweit verwickelt sein. Derivate und Aktien werden im Krisenfall als erste betroffen. Auch bei Anleihen besteht das Risiko des Kursverfalls. Auf jeden Fall muss auf die Auswahl und die Sicherheit geachtet werden. Hier stellt das traditionelle Sparbuch mit Mindestkündigungszeit eine weit bessere, weil sicherere Alternative dar.

Entscheidend bei der Krisenvorsorge ist der Unterschied zwischen Geld und Geldforderungen. Während Geld ein verbrieftes Recht ist, ausgedrückt in Banknoten und Münzen, stellen Geldforderungen, also alle Anlagen bei Banken, nur Versprechen auf Geld dar. Wird das Versprechen nicht mehr eingelöst, ist die Geldforderung wertlos. Ihr Bargeld gehört deshalb in der Krise zu den sichersten und flexibelsten Anlageformen. Demgegenüber sind Lebensversicherungen sehr wenig liquide. Ihr Vermögen ist langfristig festgelegt, und Sie haben keine Kontrolle über die Investments der Versicherung. Immobilien sind nur gut, wenn sie nicht mit Schulden belastet sind.

Überhaupt sollten Sie sich vor einer Krise nicht verschulden. Mit Krediten verlieren Sie die Freiheit und sind völlig dem Gläubiger ausgeliefert. Vor Schulden muss deshalb eindringlich gewarnt werden. In allen Anlagefällen sollte von Ihnen ein Krisenplan erstellt werden, welcher Maßnahmen festlegt, wie das Vermögen im Szenario gesichert werden kann. Wie es nach dem Crash weitergeht, kann niemand mit Gewissheit sagen. In der Vergangenheit hat sich *in der Krise die Geldseite, vor der Währungsreform die Sachkapitalseite* als lohnend erwiesen.

Mancher Leser wird nach dem Studium des Buches erschüttert feststellen müssen, wie labil unser System und damit das sicher geglaubte Vermögen ist. Es ist zu hoffen, dass Sie mit den Hinweisen aus diesem Buch ihr Vermögen sichern können. Jedoch sollten Sie nie vergessen, dass die persönliche Vermögenssicherung und Strategie nur deshalb nötig ist, weil das Kapitalsystem von vornherein falsch aufgebaut wurde. Es kann für Sie deshalb wenig sinnvoll sein, zwar jetzt das Vermögen retten zu können, jedoch schon bald wieder die nächste Krise erleben zu müssen. Schon im Grundgesetz der Bundesrepublik Deutschland heißt es in § 14, Abs. 2: „Eigentum verpflichtet. Sein Gebrauch soll zugleich dem Wohle der Allgemeinheit dienen." Es kann Ihnen als Anleger, welcher sein Vermögen sicher durch die Krise gebracht hat, auch aus Eigennutz nicht gleichgültig sein, wenn der Großteil der Bevölkerung mittellos dasteht. Ihre eigene Sicherheit verlangt nach einem stabilen System. Der echte Egoist kann nur in einer Welt glücklich sein, welche allen erlaubt, glücklich zu sein. Wie eine generelle Systemstabilisierung erreicht werden kann, wurde im Buch „Börsenkrach und Weltwirtschaftskrise. Der Weg in den 3. Weltkrieg" exemplarisch aufgezeigt. Wenig bekannt ist, dass es Möglichkeiten einer Systemänderung gibt, welche es erlauben, eine Stabilisierung zu erreichen. Die wenigsten Menschen wissen auch, dass es in unserer Geschichte schon mehrere Male ein zinsfreies, stabiles System gab, einmal sogar 300 Jahre lang. Eine nähere Beschäftigung mit dem Geldwesen über die Anlagensicherung hinaus ist deshalb für Sie wiederum von Vorteil.

Weitere Bücher des Autors

Deflation - die verheimlichte Gefahr
So sichern Sie sich ab und nutzen Chancen

Neuerscheinung! Die nächsten Jahre entscheiden über Ihr Geld. Konzerne und Superreiche bereiten sich seit langem auf eine Deflation vor, weil sie wissen: Große Vermögen werden in Krisenzeiten gemacht. Dies bedeutet für Sie ein radikales Umdenken bei Ihrer Zukunftsplanung. Wer heute klug handelt, hat die Möglichkeit, das Schlimmste für sich verhindern. Aber nicht nur das. Er kann auch statt Krisenopfer ein Krisengewinner werden. Krise heißt immer auch Chance. Und solche Chancen wie heute und in näherer Zukunft bieten sich in der Regel nur einmal pro Jahrhundert. Nicht umsonst heißt es: „Wissen ist Macht“.

„Deflation – die verheimlichte Gefahr“ von Günter Hannich, broschiert, 160 Seiten,1. Auflage 9/2003, ISBN 3-9808522-3-7, 15,90 Euro

Bloß weg! Ihr zweites Standbein im Ausland
Wie Sie Krisen, Frust und Steuer entkommen

Frust bei der Arbeit, steigende Steuern, und die Bedrohung durch Krisen senken zunehmend die Lebensqualität. Dabei ist zu erwarten, dass sich die Situation in den nächsten Jahren noch weiter verschärfen wird. Durch ein zweites Standbein im Ausland gewinnen Sie demgegenüber Freiheit und Unabhängigkeit. Um dieses Projekt zu verwirklichen ist es notwendig, sich sowohl mit den Vor- und Nachteilen als auch den Anforderungen an ein Auslandsdomizil zu beschäftigen. Checklisten und ausführliche Informationen in diesem Buch erleichtern den Schritt zum neuen Domizil.

„Bloß weg! Ihr zweites Standbein im Ausland. Wie Sie Krisen, Frust und Steuern entkommen" von Günter Hannich, broschiert, 160 Seiten, 1. Auflage 10/2002, ISBN 3-9808522-2-9, 15,90 Euro

Börsenkrach und Weltwirtschaftskrise
Der Weg in den 3. Weltkrieg

Für die meisten Menschen ist unser Geldsystem eine gegebene Größe, über das man sich keine weiteren Gedanken zu machen braucht. Wer jedoch den Funktionsmechanismen auf die Spur kommt, erkennt schnell, dass der Zinskapitalismus auf ständige Expansion angewiesen ist. Die Umverteilung des Kapitals von Arm nach Reich geschieht immer schneller. Doch die Finanzblase wird platzen. Wir stehen unmittelbar vor der größten Weltwirtschaftskrise, die Erde je gesehen hat. Sie wird für die meisten zu unbeschreiblicher Armut und Elend führen, am Ende sogar zu einem neuen Weltkrieg. Mit marktschreierischen Untergangsvisionen hat Hannich trotz dieser mehr als beunruhigenden Feststellungen nichts im Sinn. Seine Analysen sind präzise und fundiert. Anhand von Beispielen aus der Geschichte zeigt Hannich, dass es nicht so weit kommen muss. Eine stabile Wirtschafts- und Geldordnung ist möglich!

„Börsenkrach und Weltwirtschaftskrise. Der Weg in den 3. Weltkrieg" von Günter Hannich, 320 Seiten, 2. Auflage 2002, Hardcover, erschienen im Kopp Verlag, ISBN 3-930219-34-4, 19,90 Euro

Sprengstoff Geld

Das Buch gibt Ihnen einen umfassenden Überblick zur Funktion unseres Systems und zeigt Lösungen auf, wie dieses stabilisiert werden kann. Ein historischer Rückblick verdeutlicht die Entwicklung. Arbeitslosigkeit, Umweltzerstörung, Wirtschaftskrisen und die daraus entstehenden Ungerechtigkeiten sind keineswegs Zufall, sondern logische Folgen in der Endphase eines explodierenden Geldsystems. Die Geschichte zeigt deutlich, dass sich eine bessere Ordnung nur dann durchsetzen kann, wenn das alte System an seinen inneren Widerständen zerbrochen ist.

Sprengstoff Geld, Dritte Auflage 2000, 144 S., über zahlr. Grafiken, Karikaturen, erhältlich als pdf Datei bei G. Hannich

Der Euro - die Endlösung für Europa?

Was ist, wenn der Euro Ihr ganzes Vermögen entwertet? Kaum bekannt ist, dass die ungeliebte Einheitswährung keineswegs schon etabliert ist, sondern die kritische Einführungsphase erst noch mit der Beseitigung der nationalen Geldnoten vor uns steht. Sowohl die politische, als auch die ökonomische Gestaltung des Euros muss zum Scheitern des Projektes führen. In diesem brisanten Buch erfahren Sie die Hintergründe der Euro-Währung - mit Ratgeberteil.

„Der Euro – die Endlösung für Europa?“ von Günter Hannich, zahlreiche Abbildungen, Grafiken und Karikaturen, 2 Auflage 2002, erhältlich nur als pdf-Datei beim Autor

Wer in der Schuld ist, ist nicht frei

Die Verschuldung der Länder, der Unternehmen und der Privathaushalte hat globalen Charakter angenommen. Ganze Nationen stehen unmittelbar vor dem Bankrott, wie die Finanzkrisen in Russland, Japan, Argentinien und in der Türkei gnadenlos zeigen. Aber auch die Unternehmen haben sich, ob groß oder klein, weltweit unter dem Globalisierungsdruck über die Maßen verschuldet. Eine Zeitbombe tickt, die jederzeit explodieren kann. Die nächste Weltwirtschaftskrise hat begonnen.

„Wer in der Schuld ist, ist nicht frei" von Günter Hannich, Paperback, 190 Seiten, zahlreiche Abbildungen, ISBN 3-930219-41-7, 14,90 Euro

Zeitschrift „Humanwirtschaft"

Der Autor Günter Hannich ist seit Januar 2004 Chefredakteur der Zeitschrift Humanwirtschaft. Dort erfahren Sie zweimonatlich aktuelle Hintergründe und Zusammenhänge zum Finanzsystem. Die ideale Ergänzung zu den Büchern!

48 Seiten, Einzelpreis 5 Euro, jederzeit kündbares Jahresabo 30 Euro

Kostenloses Probeheft: *Stichwort „Bücher – G. Hannich" angeben*; Verlag Humanwirtschaft, Humboldtstraße 108, 90459 Nürnberg; Tel. 0911-4395720; Fax 0911-4395721;
email: service@humanwirtschaft.org;
Internet: www.humanwirtschaft.org

Vortragsveranstaltungen des Autors

Bild 2: G. Hannich bei n-tv als Deflationsexperte

Die wirtschaftliche Situation wird immer negativer. Der Autor bietet zum Thema Wirtschaft und Geldanlage interessante Vorträge an. Die professionellen, computergestalteten Lichtbilderveranstaltungen zeigen wirtschaftliche Entwicklungen leicht verständlich und anschaulich auf. In den abwechslungsreichen Seminaren werden nicht nur die notwendigen Abwehrmaßnahmen und Verhaltensregelungen auf eine sich abzeichnende Krise gegeben, sondern auch fundiertes Hintergrundwissen zum Finanzsystem vermittelt. Beispielfragen:

- Was ist eine Krise und mit was müssen Sie rechnen?
- Wie reagieren Sie am besten darauf?
- Die Krise als Chance
- Geldanlage und Vermögenssicherung
- Unternehmensstrategien in der Deflation
- Stabiles Geld – neues Finanzsystem gegen den Crash

Daneben steht der Autor in der Diskussion dem Publikum für individuelle Fragen zur Verfügung. Auch für die Medien ist Günter Hannich gern bereit, in Interviews klar Stellung zu beziehen.
Informationen zu den Vorträgen erhalten Sie bei:
Gesellschaft für Finanzinformation und Vermögensschutz
Email: info@kapitalseminare.de
Fax/Telefon (Anrufbeantw.): 02561/959-500-850

Quellennachweis:

1 [1]Handelsblatt interaktiv, 28.1.2000

[2]Frankfurter Allgemeine Zeitung, 20.5.99

[3]Die Welt, 25.4.2000

[4]Die Welt, 6.10.00

[5]Die Welt, 21.6.2002

[6]Die Welt, 3.5.99

[7]Frankfurter Allgemeine Zeitung, 28.4.99

[8]Süddeutsche Zeitung, 29.2.2000

[9]Süddeutsche Zeitung, 26.9.2000

[10]Die Welt, 28.9.2000

[11]Die Welt, 20.10.2000

[12]Frankfurter Allgemeine Zeitung, 23.6.99

[13]Die Welt, 27.4.99

[14]Die Welt, 30.12.1999

[15]Focus, 36/1995

[16]Die Welt, 17.3.02

[17]Handelsblatt.com, 24.2.2002

[18]Süddeutsche Zeitung, 24.12.98

[19]Grundlagen aus: Silvio Gesell, Die Natürliche Wirtschaftsordnung, 1916

[20]George Soros, Die Krise des globalen Kapitalismus, 1999

[21]Prof. Ruhland, System der politischen Ökonomie, Band 1-3, 1903-1908

[22]Prof. Dr. Helmut Hesse, Deutsche Bundesbank Auszüge aus Presseartikeln, 14.1.1997

[23]Süddeutsche Zeitung, 25.6.99

[24]Handelsblatt, 30.6.99

[25]Süddeutsche Zeitung, 31.1.2000

[26]Bundeshaushaltsplan, eigene Berechnung

[27]Die Welt, 16.2.2000

[28]Handelsblatt.com, 19.7.2001

[29]Süddeutsche Zeitung, 2.6.99

[30]Süddeutsche Zeitung, 24.12.98

[31]Die Welt, 22.5.2000

[32]Rentenberechnung durch PC-Programm Rentenversicherung 1996; Bundesministerium für Arbeit und Sozialordnung

[33]Handelsblatt interaktiv, 4.11.1999

[34]Die Welt, 13.6.2000

[35]Augsburger Allgemeine Zeitung, 11.3.2000

[36]Die Welt, 23.7.2000

[37]Süddeutsche Zeitung, 24.6.2000

[38]Die Welt, 13.9.99

[39]Handelsblatt interaktiv, 31.1.2000

[40]UNO, Bericht über die menschliche Entwicklung 1996

[41]Handelsblatt interaktiv, 12.7.99

[42]Südwestpresse, 23.4.1997

[43]Süddeutsche Zeitung, 6.11.1997

[44]Frankfurter Allgemeine Zeitung, 11.2.99

[45]Deutsche Bundesbank, Monatsbericht 6/2001

[46]Creutz Helmut, Das Geldsyndrom; tel. Rückfrage 12/97

[47]Die Welt, 22.7.98

[48]Handelsblatt interaktiv, 19.2.99

[49]Die Welt, 15.4.99

[50]Deutsche Bundesbank, Jahresabschlüsse westdeutscher Unternehmen, 4/97

[51]Die Welt, 29.1.2002

[52]Die Zeit, 31.5.2000

[53]Süddeutsche Zeitung, 19.11.98

[54]Handelsblatt interaktiv, 12.7.99

[55]AFX News, 15.2.99

[56]Focus online, 26.2.98

[57]Yahoo Schlagzeilen, 22.2.2000

[58]Die Welt, 20.12.1999

[59]Süddeutsche Zeitung, 8.6.2000

[60]Deutsche Bundesbank, Monatsbericht Dezember 1999

[61]Die Welt, 18.2.2002

[62]Die Welt, 23.6.2000

[63]Handelsblatt online, 22.1.1999

[64]Deutsche Bundesbank, Auszüge aus Presseartikel, 4.5.99

[65]Handelsblatt, 17.8.99

[66]Die Welt, 22.6.99

[67]Handelsblatt interaktiv, 15.3.2000

[68]Frankfurter Allgemeine Zeitung, 17.2.1999

[69]Inter Info 8/99; Internationaler Hintergrundinformationsdienst

[70]Deutsche Bundesbank, Auszüge aus Presseartikeln 2.12.98

[71]Hugo Ritter, Der Mensch und das Geld, 1954

Zusammengefaßt von G. Hannich aus dem Original

[72]Canadian Geographic Dec. 89/Jan 90 The Great Depression

Übersetzt und zusammengefaßt von G. Hannich aus dem Original

[73]Bundeszentrale für politische Bildung, Weimarer Republik, Informationen zur politschen Bildung, 4. Quartal 1998

Zusammengefaßt von G. Hannich aus dem Original

[74]Die Welt, 30.9.98

[75]International Herald Tribune, 19.8.99

[76]Die Welt, 2.1.98

[77]Handelsblatt interaktiv, 15.7.99

[78]Frankfurter Allgemeine Zeitung, 11.6.99

[79]Die Welt, 28.7.98

[80]Frankfurter Allgemeine Zeitung, 18.5.99

[81]Frankfurter Allgemeine Zeitung, 27.4.99

[82]Die Welt, 15.11.1999

[83]Die Welt, 10.8.2000

[84]Handelsblatt.com, 11.7.2000

[85]Financial Times Deutschland, 19.6.2000

[86]Süddeutsche Zeitung, 15.3.2002

[87]FAZ.net, 8.8.2002

[88]Die Welt, 20.3.2002

[89]Die Welt, 2.8.2002

[90]Die Welt, 19.8.2002

[91]Die Welt, 23.7.2002s

[92]Börsen Zeitung, 19.10.99

Zusammengefaßt von G. Hannich aus dem Original

[93]Süddeutsche Zeitung, 15.11.1999

[94]Frankfurter Allgemeine Zeitung, 5.7.99

[95]Süddeutsche Zeitung, 16.6.99

[96]Hamburger Abendblatt, 26.2.99

[97]Frankfurter Allgemeine Zeitung, 19.8.99

[98]Die Welt, 28.1.2000

[99]Süddeutsche Zeitung, 2.3.99

[100]Handelsblatt interaktiv, 10.5.99

[101]Handelsblatt interaktiv, 10.3.2000

[102]Bundesanstalt für politische Bildung, Weimarer Republik, Informationen zur politschen Bildung, 4. Quartal 1998

[103]Die Welt, 24.8.99

[104]Augsburger Allgemeine Zeitung, 20.5.99

[105]Die Welt, 10.3.2000

[106]Süddeutsche Zeitung, 3.10.2002

[107]Handelsblatt, 28.5.2002

[108]Süddeutsche Zeitung, 11.1.2000

[109]Frankfurter Allgemeine Zeitung, 13.8.98

[110]Süddeutsche Zeitung, 2.11.98

[111]Handelsblatt, 27.1.99

[112]Deutsche Bundesbank, Auszüge aus Presseartikeln, 2.12.98

[113]Frankfurter Allgemeine Zeitung, 12.11.98

[114]Süddeutsche Zeitung, 20.7.98

[115]Frankfurter Allgemeine Zeitung, 12.8.99

[116]WASHINGTON INSIDER Deutsche Ausgabe Vol. 10, Nr. 38 , 21. September 2000

[117]WASHINGTON INSIDER Deutsche Ausgabe Vol. 10, Nr. 38 , 21. September 2000

[118]Frankfurter Allgemeine Zeitung, 24.3.99

[119]Frankfurter Allgemeine Zeitung, 19.1.99

[120]Deutsche Bundesbank, Auszüge aus Presseartikeln, Interview mit Prof. Dr. Jochimsen

[121]Frankfurter Allgemeine Zeitung, 6.6.2000

[122]Die Welt, 16.7.2002

[123]Börsen Zeitung, 23.3.96

[124]Handelsblatt interaktiv, 15.2.99

[125]Frankfurter Allgemeine Zeitung, 19.1.99

[126]Frankfurter Allgemeine Zeitung, 31.8.98

[127]Spiegel online, 8.7.2002

[128]Süddeutsche Zeitung, 23.4.2000

[129]Frankfurter Allgemeine Zeitung, 24.9.98

[130]Die Welt, 30.4.98

[131]Handelsblatt, 14.7.99

[132]Neue Solidarität, 11.7.2002

[133]Frankfurter Allgemeine Zeitung, Magazin 10/98

[134]AFX News, Deutsche Bank 28.1.99

[135]Die Welt, 12.2.2001

[136]Frankfurter Allgemeine Zeitung, 15.10.98

[137]Der Spiegel, 14.12.98

[138]Meldung bei Yahoo Finanzen, Anfang August 2002

[139]Deutsche Bundesbank, Monatsbericht Januar 1999

[140]Süddeutsche Zeitung, 20.5.99

[141]Die Welt, 22.10.2002

[142]Handelsblatt, 20.10.99

[143]Süddeutsche Zeitung, 22.11.2000

[144]Frankfurter Allgemeine Zeitung, 28.9.2002

[145]Die zeit, 20.6.2002

[146]Handelsblatt interaktiv, 16.3.2000

[147]Prof. Dr. Artur Woll, Beschäftigung, Geld und Preisniveaustabilität - Empirische Untersuchung zum Inflationsproblem, Land Nordrhein-Westfalen, 1977

[148]Die Welt, 24.8.98

[149]Frankfurter Allgemeine Zeitung, 11.9.98

[150]Frankfurter Allgemeine Zeitung, 17.1.2000

[151]Südeutsche Zeitung, 28.12.2001

[152]Euro Zeitung, 21.5.2000

[153]Die Welt, 14.1.99

[154]Handelsblatt interaktiv, 11.6.99

[155]Süddeutsche Zeitung, 24.11.2000

[156]Der Spiegel, 12.4.99

[157]Die Welt, 8.6.99

[158]Süddeutsche Zeitung, 4.7.2000

[159]Fall und Hintergrund ist dem Autor bekannt

[160]Handelsblatt, 19.19.99

[161]Spiegel, 28.12.99

[162]Süddeutsche Zeitung, 23.11.2000

[163]Die Welt, 3.2.99

[164]Frankfurter Allgemeine Zeitung, 11.11.98

[165]Die Welt, 22.12.98

[166]Die Welt, 8.12.98

[167]Frankfurter Allgemeine Zeitung, 25.11.1998

[168]Frankfurter Allgemeine Zeitung, 20.5.99

[169]Die Welt, 19.9.2000

[170]Der Spiegel, 8.9.97

[171]Handelsblatt interaktiv, 24.12.1999

[172]Die Zeit, 12.5.99

[173]Süddeutsche Zeitung, 19.7.99

[174]Die Welt, 13.9.99

[175]Die Welt, 20.10.1999

[176]Die Welt, 9.7.99

[177]Frankfurter Allgemeine Zeitung, 1.3.99

[178]Die Welt, 22.3.2000

[179]Die Welt, 8.8.2000

[180]Die Welt, 18.2.2002

[181]Die Welt, 25.1.2001

[182]Süddeutsche Zeitung, 21.9.2000

[183]Süddeutsche Zeitung, 28.12.2000

[184]Süddeutsche Zeitung, 24.8.2000

[185]Süddeutsche Zeitung, 7.9.2000

[186]Handelsblatt.com, 12.11.2000

[187]Die Welt, 9.1.2001

[188]Süddeutsche Zeitung, 12.3.2002

[189]Die Welt, 17.1.2001

[190]Die Welt, 22.12.2000

[191]Yahoo Finanzen, 3.8.2002

[192]Süddeutsche Zeitung, 13.7.2002

[193]Augsburger Allgemeine Zeitung, 20.3.99

[194]Die Zeit, 12.5.99

[195]Süddeutsche Zeitung, 8.5.00

[196]Handelsblatt interaktiv, 1.7.99

[197]Süddeutsche Zeitung, 25.8.99

[198]Deutsche Bundesbank Monatsbericht 6/1998

[199]Handelsblatt interaktiv, 17.8.98

[200]Handelsblatt interaktiv, 18.10.99

[201]Frankfurter Allgemeine Zeitung, 2.12.2001

[202]Die Welt, 2.2.2002

[203]Neue Zürcher zeitung, 10.9.2002

[204]Frankfurter Allgemeine Zeitung, 25.9.98

[205]Frankfurter Allgemeine Zeitung, 18.2.99

206 Die Welt, 14.5.2003

[207]George Soros, Die Krise des globalen Kapitalismus, 1998

[208]Süddeutsche Zeitung, 7.6.2000

209 Die Welt, 30.4.2003

[210]Süddeutsche Zeitung, 3.6.2002

[211]Die Welt, 24.7.2000

[212]Die Welt, 18.1.2001

[213]Handelsblatt.com, 29.11.2001

[214]Börsen Zeitung, 9.9.99

[215]Süddeutsche Zeitung, 25.2.2000

216 Handelsblatt.com, 28.7.2003

[217]Bestimmungen für den Sparkassen-Stützungsfonds, Fassung vom 16.9.98

[218]Grill/Penezynsky, Wirtschaftslehre des Kreditwesens, 1993

[219]Frankfurter Allgemeine Zeitung, 2.10.99

[220]Frankfurter Allgemeine Zeitung, 9.10.1999

[221]Süddeutsche Zeitung, 8.6.1998

[222]Handelsblatt interaktiv, 14.10.98

[223]Die Welt, 3.1.2001

[224]Süddeutsche Zeitung, 19.3.2002

[225]Süddeutsche Zeitung, 10.9.99

226 Süddeutsche Zeitung, 9.8.2002

227 Die Welt, 10.3.2003

[228]Süddeutsche Zeitung, 20.7.2002

[229]Deutsche Bundesbank, Monatsbericht Januar 1999

[230]Süddeutsche Zeitung, 1.9.99

[231]Süddeutsche Zeitung, 1.6.99

[232] Frankfurter Allgemeine Zeitung, 19.8.99

[233] Süddeutsche Zeitung, 25.9.2002

[234] Süddeutsche Zeitung, 24.12.1999

235 Südeutsche Zeitung, 29.7.2003

[236] Die Welt, 12.7.99

[237] Frankfurter Allgemeine Zeitung, 14.5.99

[238] Die Welt, 29.4.99

[239] Süddeutsche Zeitung, 4.11.1999

[240] Handelsblatt.com, 5.2.2002

[241] Süddeutsche Zeitung, 27.11.2000

[242] Die Welt, 6.9.99

[243] Süddeutsche Zeitung, 18.12.1999

[244] Süddeutsche Zeitung, 13.5.2000

[245] Die Welt, 25.1.2001

[246] Süddeutsche Zeitung, 26.9.2000

[247] EIC - European Investment Consulting, 9/2002

[248] Die Welt, 20.10.2000

[249] Bundesanstalt für politische Bildung, Weimarer Republik, Informationen zur politschen Bildung, 4. Quartal 1998

Zusammengefaßt von G. Hannich aus dem Original

[250] Bundesanstalt für politische Bildung, Deutschland 1945-1949, Informationen zur politschen Bildung, 2. Quartal 1998

Zusammengefaßt von G. Hannich aus dem Original

[251] Bundesanstalt für politische Bildung, Deutschland in den fünfziger Jahren, Informationen zur politschen Bildung, 3. Quartal 1997

Zusammengefaßt von G. Hannich aus dem Original